축복의 통로가 되는 삶

축복의 통로가 되는 삶

ⓒ 이훈구, 2023

초판 1쇄 발행 2023년 11월 29일

지은이   이훈구
펴낸이   이기봉
편집   좋은땅 편집팀
펴낸곳   도서출판 좋은땅
주소   서울특별시 마포구 양화로12길 26 지월드빌딩 (서교동 395-7)
전화   02)374-8616~7
팩스   02)374-8614
이메일   gworldbook@naver.com
홈페이지   www.g-world.co.kr

ISBN   979-11-388-2533-7 (03230)

축복의 통로가 되는 삶

하나님과 함께한 평신도의
축복된 삶이 담긴 신앙 이야기

이훈구 지음

좋은땅

사람들은 누구나 축복받는 삶을 원하고, 하나님의 축복을 사모하며 자신뿐만 아니라 자녀들에게 지속적으로 축복을 누리는 삶을 살아가기를 추구하며 살아가고 있다.

나는 어릴 때부터 신앙 생활을 한 모태신앙을 가진 자로서 어머니의 배 속에서부터 60대 중반까지 늘 하나님과 함께한 삶을 살아왔으며 앞으로도 저 천국에 갈 때까지 그리고 천국에서도 항상 하나님과 함께한 삶을 살아갈 것이다.

나의 어머니는 세상적인 그 어떤 것보다도 믿음 생활 잘하여 하나님께서 예비하신 축복받는 삶을 사는 게 최고라고 늘 강조하시면서 나에게 세상에서 가장 귀한 선물인 믿음의 유산을 잘 물려주시었다.

그래서 나는 '지금까지 살아오면서 가장 존경한 분이 누구인가?'라는 질문을 나 자신에게 할 때에 서슴없이 나의 어머니라고 고백할 수가 있다.

이러한 어머니로부터 물려받은 신앙을 나의 세자녀들에게 잘 물려주어서 자손 대대로 하나님의 은혜와 사랑과 축복을 누리며 감사와 기쁨이 있는 자녀들의 가정이 되기를 늘 소망하며 간절하게 기도하며 살아가고 있다.

대학과 대학원을 졸업하고 대기업에 취직을 하고 약 18년 5개월 직장 생활 그리고 45세에 회사를 스스로 그만두고 개인 사업을 시작하여 약 20년 동안 일을 하면서 또 신학을 공부하고 싶어서 일을 하면서 낮에는 일하고 밤에는 공부를 5년 동안 하였다.

그래서 목회학 석사와 선교학 박사 학위를 취득하고 기존의 사업을 계속하면서 미국에서 비영리 제단인 G2G 선교회를 설립하여서 자비량 선교회를 운영 중에 있다.

대기업에서의 직장 생활 그리고 개인 비지니스와 가족 중심의 자비량 선교회를 운영하면서 목회를 하는 목회자가 아닌 목사 안수를 받지 않은 평신도로서의 신앙 생활과 성경을 통한 하나님의 말씀이 접목된 축복 된 삶의 이야기를 담아 보았다.

2020년 초에 코로나19가 오고 온라인 예배가 활성화된 시점에 나는 목회자가 아니지만 평신도로서 한 달에 한 번 매월 둘째 주에 글로벌 온라인 줌 화상 예배의 설교를 약 3년 동안 하고 있다.

목회자가 아닌 평신도로서 말씀과 성경을 통한 신앙 생활 간증의 내용들을 신학적이고 신앙적인 이야기로 담아서 신앙에세이로 세상에 내어놓았다.

실제적이고 실천적인 삶의 모습과 성경 말씀을 통하여 크리스천으로서 세상을 살아가면서 꼭 필요로 한 내용들을 담아 보도록 부족하지만 성심성의껏 많은 노력을 하였다. 각 장마다 성경 구절이 인용되어 있는데 중요한 성경 구절은 여러 곳에서 반복하여 자주 사용하였다. 우리의 삶에 아주 중요한 성경 구절이기에 여러 곳에 인용하였다.

내용 중에 아름다운 믿음의 가정을 만들어 가는 삶에 대한 이야기는 자녀들의 가정이 어떻게 하면 행복한 믿음의 가정을 만들어 갈 수 있을지를 말해 주고 있다. 나는 딸 둘, 아들 하나를 가진 부모로서 60세 이전에 자녀 셋 모두 20대 중반에 믿음의 가정들을 이루었고 60대 초에 이미 손주가 다섯 명이었다. 이 자녀들의 가정과 손주들이 하나님의 축복의 통로가 되고 하나님의 영광을 높이는 자손들이 되기를 매일 기도하며 살아가고 있다.

그리고 응답받는 기도로 성령 충만을 체험하는 삶을 통하여 응답받는 기도란 어떤 것이며 고난과 역경을 통한 하나님의 은혜를 느낄 수 있는 삶에 대한 이야기를 담고 있다. 또한 인생에 어떤 어려움이 오더라도 도와주시고 붙들어 주시는 하나님과 하나님의 절묘한 타이밍을 볼 수가 있다.

하나님을 믿고 신앙 생활을 잘한다고 하여도 항상 마음에 평안과 기쁨이 오지 않을 수도 있다. 그러한 사람들을 위한 마음에 평안과 기쁨이 있는 삶을 위한 내용들이 있다.

진정으로 행복함과 즐거움이 있는 마음을 느낄 수 있는 방법 중 하나는 주는 것이 받는 것보다 행복한 원리를 깨닫는 것이다. 그 원리를 이 글에서 볼 수가 있다.

우리는 오랫동안 하나님을 믿고 신앙 생활을 잘한다고 하면서도 하나님이 어떤 분이신지에 대해서 잘 모르고 그저 교회 출석만 잘하는 교인이 되어서는 진정으로 기쁘고 즐거운 크리스천이 되기가 쉽지 않다.

그래서 이 글은 하나님은 어떤 분이신지에 대해서 알아 가고 어떠한 삶을 살아갈 때에 기쁘고 감사하는 삶을 살아갈 수 있을지를 알아 가는 데 도움이 될 것으로 본다.

하나님이 어떤 분이신지 제대로 알고 믿음 생활을 하는 자는 하나님의 축복을 누리는 삶을 살아가게 될 것이다. 하나님의 축복의 통로가 되는 가정을 자손 대대로 이루어 가는 믿음의 아름다운 가정들이 되기를 바라는 마음이다.

　　목회자가 아닌 평신도로서 자신의 생활터전에서의 삶, 가정생활, 신앙 생활 그리고 말씀과 삶을 접목한 실제적이고 진솔한 이야기가 담긴 이 글을 통하여서 많은 사람들에게 하나님의 축복의 통로가 되는 삶을 살아가는 데 도움이 되기를 소망한다.

이훈구 장로

G2G 선교회

하나님을 향한 순수하고 열정 있는 가을 편지

《축복의 통로가 되는 삶》에는 믿음의 가정을 만들어 가는 과정과 자녀들에게 믿음의 가정을 계승하는 방법이 잘 설명되어 있다. 또한, 인생에서 어떤 어려움이 있더라도 도와주시고 붙들어 주시는 하나님의 절묘한 타이밍에 대한 저자의 생각과 체험이 담겨 있다. 하나님을 믿으면 모든 것이 하나님의 주권 아래에서 합력하여 선을 이룬다는 말씀을 깊은 울림으로 전한다.

이 책에서는 진정으로 행복을 누리는 비결은 받는 것이 아니라 주는 것임을 강조한다. 갈수록 교회에 대한 사회적 이미지와 영향력이 실추되는 시대에 하나님을 믿는 사람들이 세상에 나가서 어떻게 행동하고 선교해야 하는지에 대해 시의적절한 지침을 제공한다.

이 책의 곳곳에서 저자는 세상의 지식과 학문에 경도되어서 하나님을 제대로 알지 못하고 있는 시대에 하나님이 어떤 분인지 제대로 알고, 어떻게 축복된 삶을 살 수 있는지에 대한 신앙의 진수를 보여 준다. 단순한 이론서가 아니라 하나님을 향한 순수하고 열정적인 삶의 내러티브가 담겨 있다.

우리에게는 절대로 흔들려서는 안 되는 것이 하나 있다. 우리의 마음과 하나님의 마음이 완벽한 조화를 이룰 때까지 하나님과 철저하게 대화를 나누는 것이다. 이러한 맥락에서 저자는 대기업에서의 직장 생활 그리고 개인 비지니스와 가족 중심의 자비량 선교회를 운영하면서 목사 안수를 받지 않은 평신도로서의 신앙 생활과 하나님의 말씀이 접목된 축복된 삶의 이야기를 전한다.

하나님의 부르심에는 후회하심이 없다. 저자는 하나님 중심의 절대 신앙을 강조하면서 다양한 삶의 영역에서 하나님의 뜻을 실현하기 위해서 엎드려서 기도하는 삶의 은혜와 축복을 전한다. 깊은 골짜기에서 흘러가는 시냇물처럼 맑고 적당한 속도감이 있는 한 권의 책을 가을 편지처럼 독자들에게 전하게 된 것을 기쁨으로 생각한다.

2023년 9월
소강석 목사
새에덴교회, 예장합동 증경총회장

시편 37편 5-6절

"내 길을 여호와께 맡기라 그를 의지하면 그가 이루시고 네 의를 빛 같이 나타내시며 네 공의를 정오의 빛같이 하시리로다"

이훈구 장로의《축복의 통로가 되는 삶》을 읽으며 문득 떠오른 성경 구절이다. 책에서 자신의 평생을 전적으로 하나님께 맡긴 이 장로의 아름다운 삶의 모습을 보게 된다. 올해 2월에 출간한 그의 책,《크리스천 자녀 교육, 결혼을 어떻게 시켰어요?》에 이어서, 이 책에서도 이 장로는 또다시 자신의 신앙 간증을 생생하게 써 내려갔다. 60세 이후 인생 2막을 어떻게 살 것인가에 대한 그의 진솔한 신앙 고백이다. 그가 첫 번째 책에서 약속한 그대로다.

인생 2막에서의 그의 꿈은 간단하고, 소박하며, 올바르다. 그는 자신의 꿈을 이렇게 말한다. 자신의 재능과 은사를 베풀고 나누는 것, 봉사하며 섬기며 사는 것, 그래서 진정한 행복을 누리는 것이라고 한다. 가정 세미나를 통해 이웃들을 돕는 일과 간증 설교를 통해 하나님의 크신 사랑과 은혜를 나누는 것이 그의 꿈이다.

사실 사람들이 흔히 말하는 꿈은 꿈이라기보다 현실을 살아가는 데 필요한 조건을 갖추는 것이다. 진정한 꿈은 그 무엇과도 대체할 수 없는 거룩한 것이어야 한다. 그것은 곧 하나님을 사랑하고, 하나님의 뜻을 이 땅에서 실천하는 것이다. 이 장로는 이러한 꿈을 삶 속에서 묵묵히 그리고 겸허히 실천해 왔고 또 앞으로도 그대로 이어 갈 것이다. 그의 인생철학은 오늘날 그리스도인들이 지향해야 할 올바른 삶의 방향이라고 확신한다.

이 장로는 하나님과 사람 앞에서 정직하고 신실하게 믿음을 실천해 온 사람이다. 나는 그가 순전한 마음과 겸손하고 깨끗한 신앙 양심을 지닌 참 그리스도인이라고 생각한다. 특히 이 장로가 삶 속에서 펼쳐 온 여러 일들을 보고 듣노라면 그는 삶에서 믿음을 실천한 행동하는 신앙인임을 알 수 있다. 이 책의 주제는 믿음의 가정, 기도의 응답, 기쁨과 평화가 넘치는 삶, 하나님을 제대로 믿는 삶, 그리고 하나님으로부터 축복을 누리는 삶에 대한 그의 올곧은 간증이다. 이 시대를 살아가는 그리스도인들에게 삶의 훌륭한 지침서의 역할을 할 수 있을 것이다.

모든 것이 급변하고 불확실하여 세상살이가 두렵다. 우리 모두 한 치 앞을 내다볼 수 없는 짙은 안개로 뒤덮인 힘든 세상을 살아간다. 누구도 삶에 만족하지 못하며, 무엇으로도 진정한 기쁨과 행복을 누리기 어려운 시대다. 오직 하나님을 경외하며 그의 명령에 순종하는 것만이 기쁨과 평화를 누리는 유일한 길이다. 이 장로의 신앙 고백이 담긴 이 책이 삶에 지쳐 있는 사람들이 바르게 살아가는 데 귀중한 잠언서가 될 것이다. 이 장로가 인생 2막에서 하나님과 동행하면서 펼칠 멋진 활약이 기대된다.

박명호 교수
계명대학교 석좌교수, (전) 계명문화대학교 총장

《축복의 통로가 되는 삶》저자인 이 장로는 자신이 축복받은 삶을 살았기에 책 제목을 이렇게 정할 수 있었다고 생각합니다.

말씀으로 살려는 원칙을 세우고 자녀를 모범적으로 키우며 살아온 분입니다.

첫번째 책《크리스천 자녀 교육, 결혼을 어떻게 시켰어요?》를 읽고 감사나눔 운동본부 회원들과 토론을 하면서 흔히 자녀 교육 하면 뻔한 내용이고 많이 들었던 지침이라 생각했습니다. 그러나 저자가 LG에 다니면서 '6 시그마 블랙벨트' 자격을 획득하여 회사에서 리더십을 발휘하여 인정받았으며 세명의 자녀들의 장점과 강점을 발견해 주고 칭찬하면서 기도하며 기다려 주었습니다.

이민사회에서 차별도 받고 문화 차이도 있어 자녀들이 잘 적응하기 힘들었을 텐데 저자는 지속적이고 꾸준한 기대를 갖고 바라봐 주었습니다. 마치 인내의 하나님이 기다려 준 것처럼 기대하며 기도하며 기다려 주어서 각자가 자신의 달란트를 찾아 직장에 다니며 배우자를 만나 행복한 결혼생활을 하고 있습니다.

지나고 보니 저는 자녀 교육에 많이 부족했습니다. 시간을 돌릴 수만 있다면 저에게는 두 아들이 있는데 어린 시절로 돌아가 신앙 생활과 말씀 안에서 친구 같은 아빠로 좀 더 기다려 주고 기도해 주지 못한 아쉬움이 있습니다.

누구나 다 자신의 가정이 명문 가정이길 꿈꾸고 대대로 이어져 가길 바랄 것입니다. 저자는 명문 가정의 기초를 닦았고 어떻게 살아야 하는지를 보여 주었습니다.

우리나라 사람 중에 미국 정부에 가장 높은 지위에 오른 사람이 있다면 시각장애인 고 강영우 박사일 것입니다. 부시 대통령 때 장애인 정책 보좌관을 하셨습니다. 가족들이 명문대 출신에 박사학위를 받은 사람들이었습니다.

그 당시 고 강영우 박사님은 대학 때 은사인 총장님과 가벼운 담소를 나누면서 "총장님, 저의 가정이면 명문 가정이 아닌가요?" 했더니 "맞아요. 당신의 가정은 명문 가정입니다. 하지만 명문 가정의 첫 번째는 가족이 이웃을 섬겨야 합니다."라고 했습니다.

제가 저자에 호감과 관심을 갖게 된 것은 2015년도 미국 정부에 G2G 선교회를 등록해 자비량으로 이웃을 섬기고, 교회 건축을 하고 계신다는 것을 알고부터입니다.

미국 텍사스 남부에 살고 있는 바로 옆에 멕시코가 있습니다. 저자는 세 명의 자녀들과 어렸을 때부터 신앙 생활은 물론 봉사활동이 삶의 일부분이었고 인접한 멕시코에 어려운 환경에서 예배드리는 천막

교회나 작은 교회를 위해 교회 건축으로 섬깁니다.

그것도 남의 손을 벌리지 않고 결혼한 세 명의 자녀 부부들과 자신의 사업장 이익의 일부를 가지고 멕시코 영세 산간지역의 어려운 곳에 교회 건축을 지원해 주고 있습니다.

아버지보다 훌륭하게 자란 세 명의 자녀들은 이다음에 자비량 G2G 선교회를 통해 지경을 넓히리라 믿고 있습니다. 고 강영우 박사님의 은사인 총장님의 말씀대로 저자의 가정이야말로 명문 가정입니다.

추천사를 쓰면서 기형도 시인의 〈우리 동네 목사님〉 시가 생각났습니다.
'성경이 아니라 생활에 밑줄을 그어야 한다'는 내용입니다.
저자는 매일 큐티를 하고 기도로 하루를 시작하며 예수님의 향기와 복음의 소리를 내기 위해 꿈꾸는 자입니다. 이미 '축복의 통로가 되는 삶'을 살고 있는 저자의 삶을 축복하며 존경합니다.

김남용 대표
김남용정서(심리/부부)상담소 대표
감사나눔 운동본부 본부장

《축복의 통로가 되는 삶》이란 이훈구 장로의 에세이를 읽으면서 제 자신이 먼저 많은 은혜를 받았습니다.

훌륭한 메시지는 역시 훌륭한 메신저로부터 흘러나올 수가 있다는 항간의 말이 정확한 것 같습니다.

아름다운 믿음의 가정을 만들어 가는 삶, 성령 충만으로 응답받는 기도의 삶, 마음에 평안과 기쁨이 있는 삶, 하나님을 제대로 알고 믿는 삶, 하나님의 축복을 누리는 삶이라는 다섯 개의 큰 돌들이 개울을 건너게 해 주는 징검다리의 역할을 하고 있습니다.

그래서 죄 많고 험난한 세상을 떠나 육적으로나 영적으로 축복이 충만한 삶을 살 수 있도록 알려 주는 것이 이 신앙 에세이의 목적이 아닌가 싶습니다.

모태 신앙으로 어머니의 사랑으로 어릴 적부터 예수님을 믿게 되고 중학교 때 만난 지금의 부인과 함께 행복한 가정을 꾸려 나가면서 범사에 감사하며 살아가는 저자입니다.

하나님께 영광을 돌리는 삶을 살고 싶어서 자비량 선교로 하나님을 기쁘시게 하는 삶을 살아가면서 주님의 말씀을 매일 묵상하며 하나님을 경외하고 이웃을 배려하면서 살아온 저자의 삶이 바로 축복받은 자의 표본입니다.

그 축복을 혼자만 누리지 않고 이웃과 나누는 축복의 통로가 되는 삶을 신구약 말씀을 일일이 기록하면서 기술한 이 책을 신자나 불신자나 하나같이 일독하기를 강추합니다.

김영철 장로
미주 한인 교회 정화운동 협의회 대표

사람은 누구나 좋은 이미지를 가지고자 합니다. 그렇다고 모든 사람이 좋은 평가를 얻지는 못합니다. 나이가 들면 자꾸만 뒤를 돌아보게 됩니다. 그만큼 자신의 삶이 바르고 정직하고 깨끗한 삶이었는지를 생각하기 때문입니다. 인생을 살다 보니 이런 사람 저런 사람, 많은 사람들을 만나게 됩니다. 그 만남이 오래가는 사람보단 오래가지 못하는 사람이 더 많은 듯합니다. 이유가 분명히 있겠지만 가는 길의 방향이 다르고 목적이 다르면 동행하고 싶어도 갈 수가 없을 것입니다. 수많은 만남이 한곳에서 이뤄지지 않듯 우리의 헤어짐도 한길만이 아닌 것을 알게 되지요. 수많은 길에서 우연히 만난 듯하지만 우연이 아니라 굉장한 의미의 만남이 있게 됩니다.

인생을 참 멋지게 살아오신 이훈구 장로, 이미 그분의 저술을 통해 그분의 성향이나 철학을 알게 됩니다. 나는 목회자이기 때문에 더 관심을 가지는 것은 신앙적인 가치입니다. 신앙의 가치는 무엇을 평가할 수 있을까요? 저는 그 열매를 보게 되는데 그 열매는 자녀들에 대한 신앙 생활 정도를 봅니다. 《축복의 통로가 되는 삶》을 에세이집으로 저술하시는 이훈구 장로는 자녀 교육에 대한 승리자이심을 굳게 믿습니다. 이훈구 장로의 에세이집 안에 이런 내용이 있습니다.

"말씀은 집을 지을 때 기초를 다지는 반석이라고 한다면 예배는 그 집을 지탱해 주는 기둥 역할을 하고 그리고 집을 다 지어 놓아도 그 집안에 빈집으로 둔다면 오래가지 못하고 폐허가 될 것이다. 그러나 사람이 살고 그 안에서 제대로 된 가구가 들어가고 아침 점심 저녁 밥을 먹으면서 정상적인 활동이 일어날 때에 즉 매일 끊임없이 기도하는 집이 될 때에 그 집은 건강한 가정으로서 제 역할을 할 수가 있는 것이다."

가정교육을 신앙교육으로 승화하신 분이 이훈구 장로이십니다. 목회자로서 극찬을 보내고 싶습니다. 목회자로서 30년의 신앙 생활을 하면서 자녀 교육에 대한 이런 자부심이나 자긍심에 대한 글을 접한다는 것은 쉬운 일이 분명 아닙니다. 늘 말씀과 함께 주님과 동행하는 귀한 에세이집을 적극 추천하고 싶습니다. 누구나 삶을 말할 수 있습니다 그러나 그 삶이 누구에게나 당당하지 않을 수 있지만, 《축복의 통로가 되는 삶》을 펴내신 이훈구 장로의 에세이는 남다름이 분명합니다. 그래서 이 에세이집은 누구에게나 애용되어 읽어 유익이 되는 책이라 생각하면서 이 생각이 후회 없음을 다시 한번 말하고 싶습니다. 감사합니다.

김정무 목사
대구 감사충전소 대표

목차

1부

아름다운
믿음의 가정을
만들어 가는 삶

1. 행복한 믿음의 가정 만들기

사람은 누구나 오늘보다는 내일이 더 나으리라는 기대 속에서 살아가고 있다. 보다 나은 삶에 대한 추구도 없이 그저 될 대로 되라는 식으로 살아가는 사람은 살아 있어도 죽은 삶과 같은 절망적인 삶을 살고 있다고 볼 수 있다. 과거의 우리는 아담과 하와가 지은 원죄와 태어나서 살아가면서 지은 자범죄들 때문에 우리의 삶은 희망이 없고 죽은 삶이었다. 하지만 하나님께서 우리 인간들의 죄 문제를 해결해 주시기 위해서 이 땅에 독생자 예수님을 약 2000년 전에 보내 주시어 우리들의 죄를 대신해서 십자가에 못 박혀 피 흘려 죽으시고 사흘 만에 다시 살아나시어 하나님 우편에서 지금은 우리를 위해서 늘 기도하시고 계신다. 바로 예수님 때문에 우리들에게도 부활의 소망과 영원한 생명을 가지게 된 것이다. 그리고 하나님의 자녀인 우리들이 어떻게 하면 행복한 믿음의 가정을 자손 대대로 이어 가면서 하나님께서 예비하신 그 축복을 누리면서 살아갈 수 있을지를 성경의 말씀들을 통하여서 알아보고자 한다.

세상에서 가장 소중한 공동체는 바로 가정이라고 볼 수 있다. 하나님의 천지창조 사역도 천지 만물을 만드시고 여섯째 날 마지막으로 사람을 만드시어 아담과 하와의 가정을 세우는 것으로 완성이 되었으며, 일곱째 날은 하시던 모든 일을 마치시고 안식을 하셨다. 이는 가정의 중요성을 잘 알려 주는 것이다. 가정에는 가장이 있고 가족들이 있다. 그리고 교회에는 목자가 있고 양들이 있다. 가정에는 가장 그리고 교회는 목자가 든든하고 행복한 삶을 살아가야만 그 가족이 그리고 그 양들이 그 가장과 목자를 바라보면서 함께 행복할 수가 있을 것이다. 아름다운 가정들이 모여서 또 교회가 형성된다. 그러면 이 가정이 어떻게 하면 아름답고 행복한 가정이 될 수 있을까?

출애굽기 20장 4절에서 6절은 십계명의 제2 계명이다. 여기서 네 가지를 하지 말라고 강조하고 있다.

하나님께서는 너희를 위해서 우상을 만들지 말라고 하신다. 하늘과 땅과 물속의 아무 형상이든지 만들지 말라고 하신다. 그리고 우상에 절하지 말고 섬기지 말라고 하시고 있다. 구약 시대에는 금송아지를 만들거나 큰 바위를 조각해서 형상을 만들거나 또 해와 달, 별들에게 절을 하면서 우상화하곤 하였다. 형상을 만들어서 우상화하여서 절도 하지 말고, 섬기지도 말라고 하신다. 그럴 경우에는 하나님을 미워하는 자의 죄를 갚되 아비로부터 아들에게로 삼사 대까지 이르게 하신다고 하였다.

그러면 지금 현대사회는 우리들에게 가장 큰 우상은 무엇일까? 하나님을 믿는다고 하면서도 하나님께 예배드리는 것과 하나님을 사랑하는 마음보다도 세상적인 것을 더욱 좋아하고 사랑한 적은 없었는지? 돈, 명예, 권세, 자녀 사랑 등 여러 가지가 우리들의 마음에 우상이 된 것은 없었는지 한번 돌아보았으면 한다. 지금 이 순간에도 하나님 외에 나의 마음을 늘 지배하고 있는 것이 있다면 그것이 곧 우상이다. 그런 마음의 우상을 만들어서 하나님으로부터 미움을 받아서 삼사 대까지 그 죄값을 받는 끔찍한 일이 일어나서는 안 될 것이다.

십계명 제2 계명에서 네 가지를 하지 말라고 하시고는 연이어서 두 가지를 하라고 하신다

하나님을 사랑하라, 하나님의 계명을 지키라 그러면 그런 자에게는 천대까지 은혜를 베푸시겠다고 하신다. 가정의 가장이든 교회의 목자이든 그 가족과 그 양들을 행복하게 해 주려면 자신을 위한 우상을 먼저 버려야 하겠다. 자신의 욕심과 욕망을 버리고 오직 가족과 양들을 잘 보살피고 하나님께서 약속하신 말씀 출애굽기 20장 6절 "나를 사랑하고 내 계명을 지키는 자에게는 천대까지 은혜를 베푸느니라"라는 말씀을 순수하게 그대로 믿고 그 말씀 붙잡고 살아가면서 자녀들에게도 세상적인 어떤 재물을 많이 물려주기보다는 하나님을 사랑하고 하나님을 경외하는 믿음의 유산을 물려주는 것이 세상에서 가장 귀한 선물인 것이다.

이렇게 귀한 믿음의 유산을 물려주는 아름답고 행복한 가정들이 모인 교회는 또한 아름답고 행복한 교회가 될 것이다.

목자는 양들을 푸른 초장과 쉴 만한 물가로 잘 인도하고 영적으로 은혜가 풍성하게 양들을 살찌우기 위해서는 목자의 마음속에는 세상적인 그 어떤 것보다도 하나님 말씀 가운데 말씀 중심으로 항상 양들을 먼저 생각하는 목자가 되어야 목자도 행복하고 양들도 행복하게 될 것이다. 우리의 피난처는 오직 예수님 이시다. 우리가 살아가면서 믿음이 아무리 좋아도 때로는 어려움이 찾아올 수도 있는 것이다. 그러

나 그 어려움으로 낙심하고 절망에 빠지는 자는 세상 사람이 하는 삶인 것이다. 하지만 우리 믿음의 용사들은 그 어려움을 기도를 하면서 믿음으로 극복해 나가는 것이다.

세상의 모든 어려움과 고난과 역경의 해답은 바로 예수님이시다. 우리의 모든 고민을 예수님께 맡기고 예수님의 이름으로 기도할 때에 그분께서 우리들에게 그분이 보시기에 가장 좋은 것으로 항상 응답해 주시는 것이다.

요한복음 14장 6절
"내가 곧 길이요 진리요 생명이나 나로 말미암지 않고는 아버지께로 올 자가 없느니라"

길이요 진리이신 예수님을 통하여서 하나님 아버지께로 갈 수 있다. 또 나의 모든 근심, 걱정, 고민거리의 해답도 예수님이시다. 예수님은 나의 피난처이시다. 그분을 늘 마음에 모시고 살아가는 사람은 행복한 사람인 것이다. 예수님은 길이요 진리요 생명이시다. 오직 그분만이 우리를 하나님께로 인도해 주시고 우리의 모든 어려움과 역경 가운데 서도 그분의 이름으로 기도할 때에 우리들에게 말씀하신다.

마가복음 9장 23절
"할 수 있거든이 무슨 말이냐 믿는 자에게는 능치 못할 일이 없느니라"

예수님은 우리의 피난처시요 우리의 모든 문제의 해답이시다.

우리 모두 하나님을 사랑하고 하나님을 경외하는 삶과 예수님을 나의 구주로 모시고 오직 예수님께 모든 것을 맡기고 기도하면서 살아갈 때에 자손 대대로 하나님의 은혜가 풍성한 가정이 될 수 있을 것으로 믿는다. 그래서 아름답고 행복한 삶을 살아가는 우리 모두가 되기를 소망한다.

2. 믿음의 아름다운 가정 세우기

아름답다는 것은 눈으로 보아서 아름다움을 느낄 수 있는 게 있고 또 눈으로는 볼 수가 없어도 마음으로 느낄 수 있는 그 어떤 아름다움을 느낄 수가 있는 것이다. 우리는 아름다운 꽃을 보면 참으로 아름답다, 예쁘다는 표현을 한다. 그리고 자연을 보면서 아름다운 산과 계곡 그리고 빨갛게 단풍으로 물든 나무들을 보고도 아름답다고 하면서 그 아름다운 자연을 보고는 기분이 좋아짐을 느낄 수가 있는 것이다. 그리고 하나님께서 만드신 사람을 보고도 참으로 아름답다, 예쁘다, 마음씨가 착하고 아름답다는 표현을 하기도 한다.

이와 같이 아름다움에는 외적인 아름다움과 내적인 아름다움이 있다. 그러면 우리들의 가정을 어떻게 하면 믿음의 아름다운 가정을 세워 나갈 수 있을지를 고린도전서 13장 13절을 통하여서 알아보고자 한다.

믿음으로 아름다운 가정을 세워 나가야 하겠다

우리는 살아가면서 신뢰관계가 아주 중요하다. 어떤 사람과 사람과의 관계 그리고 하나님과 나의 관계가 신뢰가 있고 믿음이 있어야 하겠다. 신뢰가 무너지면 아무리 가까운 형제자매, 부모 관계도 남남같이 서로 서먹서먹해진다.

믿음을 크게 두 가지로 구분해서 설명을 할 수가 있겠다.

하나는 우리가 믿고 있는 성부, 성자, 성령의 하나님에 관한 믿음이다. 성부의 하나님은 천지 만물을 창조하시고 또 사람을 만드시고는 우리 사람을 너무나도 사랑하시고 계시는 분이시다. 그리고 성자의 독생자 예수님은 이 세상에 오시어 우리의 죄를 대신해서 십자가에 못박히시어 피 흘려 죽으시었다. 그리고 부활하시어 저 천국에서 우리를 위해서 늘 기도해 주시는 분이시다.

그리고 우리의 마음을 다스리시고 감동을 주시는 성령님은 항상 믿는 자의 마음과 심령을 감동 감화시켜 주시고 계신다. 그래서 우리 믿는 자는 성부, 성자, 성령의 삼위일체 하나님을 늘 믿고 사랑하고 경외하는 마음을 가지고 살아가야 하겠다.

또 다른 하나는 사람과 사람과의 믿음이다. 믿음의 아름다운 가정을 이루어 나가기 위해서는 먼저 하나님께서 맺어 주신 부부가 서로 신뢰하고 서로 믿음을 가지고 행복하게 살아가야 하겠다. 그리고 어떤 이유에서든지 혼자 살게 된 사람도 형제자매 또는 자녀들과 서로 신뢰하고 믿음을 가지고 행복하게 살아가야 하겠다.

하나님을 나의 구주로 믿고 성경 말씀이 하나님의 말씀임을 믿는 믿음과 또 가족 사이에 서로 믿고 가정을 이루어 살아가는 것은 곧 반석 위에 지은 집과 같다고 볼 수가 있다.

마태복음 7장 24-27절

"그러므로 누구든지 나의 이 말을 듣고 행하는 자는 그 집을 반석 위에 지은 지혜로운 사람 같으리니 비가 내리고 창수가 나고 바람이 불어 그 집에 부딪히되 무너지지 아니하나니 이는 주초를 반석 위에 놓은 연고요 나의 이 말을 듣고 행치 아니하는 자는 그 집을 모래 위에 지은 어리석은 사람 같으리니 비가 내리고 창수가 나고 바람이 불어 그 집에 부딪히매 무너져 그 무너짐이 심하니라"

굳건한 믿음은 곧 반석 위에 지은 집과 같다. 세상을 살아가면서 아무리 힘든 역경이 오고 비바람이 몰아쳐도 하나님을 의지하고 가족 간에 믿음을 가지고 살아간다면 가정이 무너지지 않고 든든히 서 가는 믿음의 아름다운 가정이 될 수가 있는 것이다. 우리 모두 세상의 어떤 어려움이 닥쳐오더라도 하나님을 신뢰하고 굳건한 믿음으로 살아가고 또 부부 사이, 형제자매 사이, 자녀들과의 사이에 서로 믿고 의지할 수 있는 굳건한 신뢰 관계로 반석 위에 지은 집과 같은 믿음의 아름다운 가정을 함께 만들어 가야 하겠다.

소망으로 아름다운 가정을 세워 나가야 하겠다

희망과 소망은 어떤 차이가 나는지를 한번 알아보도록 한다. 영어로는 희망과 소망 둘 다 "hope"라고 표현한다. 그러나 두 낱말에는 분명하게 차이가 있다.

희망은 사람이 뭔가를 기대하는 것이며 소망은 하나님께서 우리 사람들에게 주신 것이다. 즉 소망은 나의 뜻과 계획이 아니라 하나님의 뜻과 계획을 바라보는 것이다. 우리가 살아가면서 바라는 것들이 많이 있을 것이다. 그 바라는 것들을 희망이라고 말할 수 있다. 사람들이 뭔가를 바라는 마음을 가지고 있다면 그것은 희망하는 마음인 것이다. 그러나 하나님께서 우리들에게 주신 마음이 있다. 장래에 있을 일에 대한 소망이다. 믿는 자들에게는 하나님께서 우리들에게 주신 세 가지의 큰 소망을 가지고 살아가야 하겠다.

하나는 죽음을 맞이했을 때 다시 예수님과 같이 부활하는 부활의 소망이다. 예수님께서 죽으시고 삼 일 만에 부활하심과 같이 우리도 죽으면 먼 훗날 예수님이 다시 이 땅에 오실 때에 부활하는 소망을 가지고 살아가야 하겠다. 그리고 이 부활의 소망을 이루기 위해서는 예수님의 재림을 기다리는 예수님 재림의 소망을 가지고 살아가야 하겠다. 그래서 예수님께서 어느 날 재림하실 때는 우리 믿는 자의 몸도 다시 부활하여서 예수님과 함께 저 천국으로 가는 것이다.

즉 우리 믿는 사람들은 살아가면서 먼 훗날 죽음을 맞이할 때에 하나님과 예수님이 계시는 전 천국에 대한 소망을 가지고 살아가야 하겠다. 부활의 소망, 예수님 재림의 소망, 그리고 저 천국의 소망을 가지고 살아가는 우리 믿는 사람들이 되어야 하겠다. 이러한 소망이 있기 때문에 예수를 믿는 사람들은 죽음을 두려워하지 않고 편안하게 웃으며 천국의 소망을 가지고 하나님 품으로 갈 수가 있는 것이다.

그래서 우리 믿는 사람들은 이 세상일에 너무 얽매이며 살아가는 것이 아니라 언제 어느 때 죽어도 구원받았다는 확신을 가지고 천국 가는 소망을 가지고 기쁘고 즐거운 마음으로 항상 감사하는 삶을 살아가야 하겠다.

그러할 때에 소망을 가진 아름다운 가정을 세워 나갈 수가 있는 것이다.

로마서 15장 13절
"소망의 하나님이 모든 기쁨과 평강을 믿음 안에서 너희에게 충만케 하사 성령의 능력으로 소망이 넘치게 하시기를 원하노라"

소망의 하나님께서 믿음 안에서 성령의 능력으로 우리 마음속에 소망이 넘치게 되어서 굳건한 반석과 같은 믿음으로 저 천국 소망을 가지고 살아가는 자가 되어서 믿음의 아름다운 가정을 세워 나갈 수 있어야 하겠다.

사랑으로 아름다운 가정을 세워 나가야 하겠다

고린도전서 13장 13절
"그런 즉 믿음, 소망, 사랑, 이 세 가지는 항상 있을 것인데 그 중에 제일은 사랑이라"

앞에서 믿음과 소망에 대해서 이야기하였다. 그런데 성경 말씀에는 믿음과 소망, 사랑이 항상 있을 것이라고 한다. 그리고는 그중에 제일은 사랑이라고 한다.

사랑의 종류를 구분해 보면, 사랑에는 크게 네 가지의 종류의 사랑이 있다고 우리는 오래전 중고등학교 교과서에서 배운 적이 있다.

남녀 간의 사랑을 "에로스" 사랑이라고 한다. 그리고 부모 자녀의 혈육 간의 사랑은 "스토르게" 사랑이다. 친구 사이 우정의 사랑을 "필리아" 사랑이라고 하며, 거룩하고 무조건적인 하나님의 사랑을 "아가페" 사랑이라고 한다.

남녀 관계의 사랑이나 부모 자녀 간의 사랑 그리고 친구 간의 사랑은 사람과 사람 사이의 사랑이지만 아가페 사랑은 유일신이신 하나님의 조건 없이 우리 사람을 사랑해 주신 하나님의 거룩하신 사랑인 것이다. 그래서 우리가 믿음을 가지고 또 소망을 가지고 살아가면서 아름다운 가정을 세워 간다고 할지라도 서로 사랑하는 마음이 없는 가정은 반석 위에 지은 집과 같이 든든한 가정이 되기가 어렵다.

사랑이 너무나 중요하기 때문에 사랑에 관한 하나님의 말씀 요한일서 4장에 있는 성경 말씀을 한번 보겠다. 성경 말씀 자체에 상세하게 사랑에 대해서 설명이 되어 있어서 더 이상의 설명이 필요치 않은 것 같다.

요한일서 4장 7-8절
"사랑하는 자들아 우리가 서로 사랑하자 사랑은 하나님께 속한 것이니 사랑하는 자마다 하나님께로 나서 하나님을 알고 사랑하지 아니하는 자는 하나님을 알지 못하나니 이는 하나님은 사랑이심이라"

이 말씀에서 하나님은 사랑이시라고 하셨다.

> 요한일서 4장 16절
> "하나님이 우리를 사랑하시는 사랑을 우리가 알고 믿었노니 하나님
> 은 사랑이시라 사랑 안에 거하는 자는 하나님 안에 거하고 하나님도
> 그 안에 거하시느니라"

사랑 안에 거하는 자는 하나님 안에 거하고 하나님도 그 안에 거하신다고 분명하게 말씀하고 있다.

> 요한일서 4장 20-21절
> "누구든지 하나님을 사랑 하노라 하고 그 형제를 미워하면 이는 거짓
> 말 하는 자니 보는 바 그 형제를 사랑치 아니하는 자가 보지 못하는
> 바 하나님을 사랑할 수가 없느니라"

우리가 아무리 하나님을 사랑한다고 말로써 고백을 할지라도 형제를 미워하면 거짓말하는 자라고 하였다. 즉 하나님을 사랑하는 자는 형제자매, 이웃도 사랑하여야 진정한 하나님을 사랑하는 것이다. 이 얼마나 사랑이 제일 중요한 것이라고 하지 않을 수가 있겠는가? 그러니 믿음의 아름다운 가정을 바로 세워 가기 위해서는 하나님을 믿는 믿음과 또 부부, 부모, 형제자매 간에 신뢰를 하면서 믿음을 가지고 살아가야 하겠다.

그리고 천국 소망을 늘 마음속에 간직하면서 이 세상의 삶이 힘들고

어려움이 있을지라도 천국 소망 가지고 감사한 마음으로 살아가야 하겠다. 그래서 하나님을 사랑하고 부모 형제자매 모두가 서로서로 신뢰하고 사랑하는 가정과 가족이 될 때에 믿음의 아름다운 가정이 세워져 가는 것이다.

우리 모두 믿음, 소망, 사랑을 늘 마음속에 생각하고 실천하는 삶을 살아감으로 더욱 굳건한 반석 위에 믿음의 아름다운 가정을 세워 가는 자들이 되어야 하겠다.

3. 건강한 교회 건강한 양

나는 목회를 하는 목회자가 아니다. 하지만 60 평생 교회를 다니고 있는 평신도로서 건강한 교회와 건강한 양이 되는 것이 꼭 필요하고 아주 중요하다는 생각이 들었다. 우리는 살아가면서 건강한 몸을 위해서 많이 신경을 쓰고 또 노력을 한다. 몸의 건강을 위해서 매일 식사를 챙겨 먹고. 몸에 필요한 물을 매일 마시기도 한다.

그리고 먹은 음식을 잘 소화시키고 근육을 유지하기 위해서 여러 가지 운동을 하기도 한다. 매일 걷는 사람도 있고 또 요가를 하는 사람도 있을 것이다. 사람들마다 자신의 형편에 따라서 먹는 음식과 먹는 양이 다르고 운동을 하는 방법도 다를 수는 있지만 분명한 것은 매일 음식을 섭취한다는 것과 건강을 위해서 뭔가 몸을 움직여 준다는 점은 모두가 똑같다.

몸의 건강에는 육체적인 건강이 있고 또 정신적인 건강이 필요할 것이다. 정신적인 건강을 위해서는 또 하루에 많이 웃는 게 건강에 좋다고 하여서 많이들 웃으려고 노력하는 사람들도 있음을 볼 수가 있다.

삶을 바꾸는 뇌 분비 호르몬의 비밀이 담긴 일본 히루야마 시게오가 쓴 《뇌내혁명》이라는 책에서 본 글이 생각이 난다. 그 책에서 이야기를 하기로는 사람이 많이 웃으면 뇌에서 베타 엔도르핀이 생성되어서 암세포 같은 것을 죽여 준다고 한다.

그러나 화를 내면 아드레날린이 분배되어서 암세포를 활성화시켜 준다는 것이다. 그래서 웃을 일이 없어도 거울 앞에서 혼자 웃는 것도 베타 엔도르핀 생성에 도움이 된다고 한다. 그러니 우리 모두 많이 웃으면서 살아가야 하겠다.

우리 몸의 건강을 위해서 잘 챙겨 먹고 운동 많이 하고 많이 웃는 것은 참으로 좋은 일이라 할 수 있겠다.

그러면 건강한 교회와 건강한 양이 되기 위해서는 우리는 무엇을 어떻게 해야 할지를 성경에 있는 말씀을 근거로 알아보고자 한다.

말씀, 예배, 기도 중심적인 교회는 건강한 교회가 된다

교회의 중심이 말씀, 예배, 기도가 되어야지 세상적인 그 어떤 것도 되어서는 아니 되겠다. 몸이 건강하기 위해서는 양식을 먹는 것과 같이 우리 교회와 교회의 양들이 건강하기 위해서는 날마다 말씀을 보고 말씀을 먹는 교회와 양이 되어야 하겠다. 하나님 말씀 외에 세상적인 이야기와 세상적인 것이 중심이 되어서는 곤란하겠다.

디모데후서 3장 16-17절
"모든 성경은 하나님의 감동으로 된 것으로 교훈과 책망과 바르게 함
과 의로 교육하기에 유익하니 이는 하나님의 사람으로 온전케 하며

모든 선한 일을 행하기에 온전케 하려 함이니라"

　성경 말씀은 곧 하나님의 감동으로 쓰여진 것이므로 하나님의 말씀
으로 받아들여야 하겠다. 그러니 설교자가 설교 말씀을 준비할 때는
세상적인 그 어떤 것보다도 성경에 있는 말씀을 가지고 하여야 할 것
이며 하나님께 기도하면서 성령의 인도함을 받으면서 말씀을 준비하
여야 하겠다. 그럴 때에 양들도 그 말씀 선포를 통하여 성령의 역사가
일어나고 영혼이 더욱 건강해질 수가 있을 것이다.
　찬양과 말씀과 기도가 있는 예배를 통하여 우리는 하나님께 영광을
드려야 하겠다.

　시편 66편 4절
　"온 땅이 주께 경배하고 주를 노래하며 주의 이름을 노래 하리이다
　할지어다"

　우리는 주님을 찬양하고 주님의 이름을 높이며 경배드려야 하겠다.
이 귀한 예배는 기본적으로 한국 교회들은 주일 예배, 수요 예배, 새벽
기도회 등이 있다. 예배를 일주일에 한 번 주일 예배만 드려서는 건강
한 교회가 되기가 쉽지는 않다. 건강하게 성장하는 교회는 주님 성전
에서 함께 모여서 주님을 찬양하고 경배하는 예배를 일주일에 여러 번
드림을 볼 수가 있다. 이 기본적인 것을 제대로 하지 않고서 건강한 교
회가 되기를 원한다면 집을 지을 때 여러 개의 기둥이 필요한데 기둥
없이 집을 지으려는 것과 마찬가지인 것이다.

몸의 건강을 유지하기 위해서는 양식을 먹고 운동을 한 다음에도 열심히 숨을 쉬어야만 한다. 아무리 잘 먹고 운동을 하여도 숨이 멈추면 그 몸은 죽은 몸이다. 교회나 양들이 건강하게 되기 위해서는 영혼의 호흡인 기도가 꼭 필요한 것이다. 아무리 말씀과 예배를 잘 드려도 기도가 없다면 영혼이 건강할 수가 없는 것이다.

데살로니가전서 5장 17절
"쉬지 말고 기도하라"

기도를 통하여 하나님과의 관계 즉 신뢰에 좋은 관계를 가져가면서 하나님의 사랑을 늘 공급받고 새로운 힘을 얻어야 하겠다. 그럴 때에 성령님의 도우심으로 하나님의 능력과 지혜가 교회와 양들에게 임하시므로 우리들의 영혼은 늘 새롭게 될 수 있는 것이다. 기도를 하므로 생명의 근원이신 하나님께서 내려 주시는 축복의 통로가 되는 교회와 양들이 될 수가 있는 것이다. 교회는 반드시 말씀과 예배와 기도가 중심이 되어야지 세상적인 그 어떤 것도 교회의 중심이 되어서는 건강한 교회가 될 수가 없는 것이다.

말씀은 집을 지을 때 기초를 다지는 반석이라고 한다면 예배는 그 집을 지탱해 주는 기둥 역할을 하고 그리고 집을 다 지어 놓아도 그 집 안에 빈집으로 둔다면 오래가지 못하고 폐허가 될 것이다. 그러나 사람이 살고 그 안에서 제대로 된 가구가 들어가고 아침, 점심, 저녁 밥을 먹으면서 정상적인 활동이 일어날 때에 즉 매일 끊임없이 기도하는 집이 될 때에 그 집은 건강한 가정으로서 제 역할을 할 수가 있는 것이다.

이와 같이 건강한 교회와 건강한 양이 되기 위해서는 집의 기초가 되는 말씀과 기둥이 되는 예배와 그리고 일상적인 활동이 왕성할 수 있는 기도가 끊임없이 이어질 때에 건강해질 수 있다.

회개의 눈물과 용서와 용납이 있는 교회는 건강한 교회가 될 수가 있다

하나님께 자신의 죄를 고백하고 용서함을 받으며 또한 다른 사람의 잘못도 용서해 주고 용납하며 서로 화해하고 하나 되는 것을 하나님은 원하시고 계신다.

눈물로 하나님께 간절하게 기도하는 목자와 양들이 있는 교회는 건강한 교회와 양들이 될 수가 있을 것이다. 회계의 눈물, 기쁨의 눈물, 고통의 눈물, 슬픔의 눈물 여러 가지 눈물이 있지만 마음속 깊이 영적으로 흘리는 눈물인 회계의 눈물과 하나님의 은혜에 감동 감격한 눈물을 많이 흘릴 때에 영혼은 더욱 건강한 상태가 유지될 수 있게 된다.

영적으로 메말라서 눈물이 없다는 것은 깊은 기도가 안 되고 있다는 증거이다. 그리고 하나님의 은혜에 감격할 일이 적어지고 있다고도 볼 수가 있겠다.

우리는 회개의 눈물과 하나님 은혜에 감사한 감격의 눈물을 많이 흘릴 수 있도록 하나님과 깊은 대화를 하는 기도와 찬양으로 하나님을 기쁘시게 해 드리고 나의 영혼이 건강해지도록 늘 노력하며 살아가야 하겠다.

에베소서 4장 32절

"서로 친절하게 하며 불쌍히 여기며 서로 용서하기를 하나님이 그리

스도 안에서 너희를 용서하심과 같이 하라"

한 공동체 안의 성도들은 서로 친절하고 서로 용서하면서 예수 그리
스도 중심으로 하나가 되어야 하겠다.

어떤 사람 중심의 공동체가 아니라 오직 예수 그리스도 중심의 공동
체가 될 때에 건강한 교회가 될 수가 있겠다. 그래서 나의 죄를 대신해
서 십자가에 못 박혀 죽어 주신 예수님의 이름으로 늘 깨어 기도하면
서 회개의 눈물, 하나님의 은혜에 감동 감격의 눈물을 많이 흘릴 수 있
는 우리들이 되기를 소망해 본다.

구제와 선교에 충실한 교회는 건강한 교회가 될 수가 있다

사람은 태어날 때는 맨몸으로 태어난다. 그리고 죽을 때는 수의 한
벌 입고 가는 게 전부이다. 그러면 지금 우리들은 맨몸도 아니고 가지
고 있는 것이 부족한 것 같지만 그래도 맨몸이 아님에 감사함으로 살
아가야 하겠다. 그런데 우리가 살고 있는 지구상에는 지역과 나라마다
빈부의 격차가 심하여 아직도 못 먹고 굶주리는 사람들이 많이 있다.
그리고 예배드릴 공간이 없어서 천막을 치고 예배를 드리거나 나무 그
늘 밑에서 예배를 드리는 지역도 있다.

그러나 우리는 매일 먹을 양식이 있고 입을 옷이 있고 시원한 교회

건물 안에서 예배를 드릴 수 있다면 참으로 부자인 것이다. 그러면 나보다 가난하고 불쌍한 사람과 선교지를 나의 부족함 가운데서도 도울 수가 있다면 참으로 귀한 마음이다.

그리고 남을 돕는 행복한 마음의 소유자가 되는 것이다. 나의 부족함 가운데서도 남을 돕는 마음을 주신 하나님께 감사해야 하겠다. 그리고 부족한 가운데서도 구제와 선교를 게을리하지 않고 늘 노력하는 교회와 양들이 있는 교회는 참으로 행복한 교회이고 참으로 건강한 교회가 되는 것이다.

> 사도행전 20장 35절
> "범사에 여러분에게 모본을 보여 준 바와 같이 수고하여 약한 사람들
> 을 돕고, 또 주 예수께서 친히 말씀하신 바, 주는 것이 받는 것보다 복
> 이 있다 하심을 기억하여야 할지니라"

수고하여 약한 자를 돕고 주는 것이 받는 것보다 복이 있다는 말씀이다.

사도행전 20장 35절 말씀과 같이 수고하여 약한 사람들을 돕는 삶이 되어서 주는 것이 받는 것보다 훨씬 복된 삶을 살아갈 수 있기를 소망해 본다.

교회의 리더가 행복한 교회는 건강한 교회가 될 수 있다

목자가 양들을 들과 산에 풀어놓고 양을 돌보고 잘 관리하려면 목자가 우선 건강하여야 할 것이다. 좋은 풀이 있고 맑은 시냇물과 저수지 등을 찾아서 매일 양들에게 양식을 먹이고 물을 먹이려면 목자가 건강할 때에 가능한 것이다.

그리고 목자가 양들을 보살피는 것이 행복한 마음이 들어야 양 한 마리 한 마리를 더욱 소중하게 여기고 정성껏 돌보는 마음이 있을 것이다. 다시 말하면 목자가 건강하고 행복할 때에 양들도 좋은 풀과 좋은 물을 마시면서 건강한 양들이 될 수가 있는 것이다.

릭 웨렌 목사는 "건강한 목사만이 건강한 교회를 이끌 수 있다. 누구든 자신의 영적 건강 상태 이상으로 다른 사람들을 이끌어 올릴 수는 없다."라고 말하였다.

나는 잠자고 일어나자마자 그리고 잠자기 전에 외우는 성경 구절이 하나 있다. 시편 23편 말씀이다.

> 시편 23편 1-3, 6절
> "여호와는 나의 목자시니 내가 부족함이 없으리로다 그가 나를 푸른 초장에 누이시며 쉴만한 물가로 인도하시는도다 내 영혼을 소생시키시고 자기 이름을 위하여 의의 길로 인도하시는도다 나의 평생에 선하심과 인자하심이 정녕 나를 따르리니 내가 여호와의 집에 영원히 거하리로다"

이렇게 나는 매일 중얼거린다. 우리의 영적인 목자는 여호와 하나님 아버지이시며 예수 그리스도이시다. 그분은 항상 우리들을 늘 사랑하시어 푸른 초장과 쉴 만한 물가로 인도해 주시는 분이시다.

그리고 우리의 영혼을 늘 소생시켜 주시고 의의 길로 인도해 주시고 계시는 분이시다. 그러니 우리의 평생에 선하시고 인자하심이 항상 나와 함께할 것이니 여호와의 집에 영원히 거하고 싶은 고백이 날마다 할 수 있는 자가 되기를 소망해 본다. 교회에서 우리의 육적인 목자는 목사이다. 목자이신 목사님이 건강하고 행복한 목회를 하여야 그 교회는 건강한 교회가 되고 또 건강하고 행복한 양들이 될 수가 있는 것이다. 교회의 목자는 말씀과 예배와 기도로 양들을 사랑하는 마음으로 영적으로 건강한 양들이 될 수 있도록 잘 인도하여야 하겠다. 세상적인 그 어떤 것보다도 양들을 사랑하는 마음으로 말씀과 예배와 기도로 잘 돌보는 것이 최우선이 되어야 하겠다. 그래서 행복한 목회, 건강한 교회가 되어서 그 교회의 양들도 건강하고 행복한 양들이 될 수 있을 것이다.

앞에서 이야기한 건강한 교회와 건강한 양이 되기 위한 조건 네 가지를 다 잘하여도 이것 하나 빠지면 결코 건강한 교회, 건강한 양이 될 수가 없다.

그것은 곧 사랑이다. 사랑장이라고 하는 고린도전서 13장을 보면 사랑이 없는 말씀, 예배, 기도 그리고 구제와 선교, 용서와 용납은 기독교의 그 본연의 의미가 없어지는 것이다. 예수 그리스도는 사랑이시고 하나님은 사람들을 사랑하시어 하나뿐인 독생자를 이 땅에 보내 주신 것이다. 그러니 건강한 교회 건강한 양이 되기 위해서는 여러 종류의 다른 성격과 다른 믿음의 정도일지라도 여러 사람들을 사랑으로 품고 사랑으로 참고 사랑으로 믿으며 사랑으로 견디어 예수 그리스도의 사랑으로 연합된 모습으로 하나가 되어 나아가야 건강한 교회, 건강한 양이 될 수가 있는 것이다.

4. 사랑으로 가정을 바로 세워 나가야

한국의 어느 시골 소년이 초등학교 6학년 때부터 같은 학교의 옆 동네 사는 한 소녀에 관심을 가지게 되었다. 그리고 시골에서 중학교를 갔는데 남녀 공학이라서 매일 학교에 가면 그 소녀를 볼 수가 있었다. 그리고 소년은 중학교 2학년 때부터 그 여학생을 좋아하는 마음이 생기게 되었다.

그래서 그 소녀에게 좋아한다고 편지를 쓰고 또 그 소녀에게 '나도 너를 좋아해'라는 답장을 받은 후부터는 서로가 좋아하는 사이가 되었다.

그러나 고등학교는 서로가 멀리 떨어져서 다니게 되었다. 부산과 대구의 먼 거리에서도 매월 편지를 쓰면서 그 좋아하는 마음을 유지하게 되었다. 그리고 모태신앙인 소년은 그녀를 전도하게 되고 그녀도 믿음을 갖게 되었다.

그리고 청년이 되면서 계속 좋아하다가 서로 사랑하게 되어 중학교 2학년 때부터 12년이 지난 27세에 결혼하여서 가정을 이루게 되었다.

36년 전에 둘이서 시작한 가정이 이제는 손주가 다섯 명이 되어서 13명의 대가족이 되었다. 그리고 앞으로 2-3명의 손주를 더 허락해 주시기를 바라면서 매일 자녀들의 가정을 위해서 기도를 하는 부부가 되었다. 그 소년은 60대 중반이 되어서 오늘도 열심히 하나님과 예수님의 사랑 그리고 가족들 간의 사랑이 참으로 중요함을 외치고 있다. 지금 글을 쓰고 있는 사람이 바로 그 소년이다.

5월은 가정의 달이라고 한다. 한국의 경우에는 5월 5일은 어린이날, 5월 8일은 어버이날로 지키고 있다. 그리고 미국에도 5월 첫 주는 어린이 주일 5월 둘째 주는 어머니날로서 어머니 주일로 지키고 있다.

세계 각국에 따라서 가정의 달이 조금씩은 다르겠지만 기본적으로 가정이 중요하고 또 부부와 부모와 자녀 간의 사랑이 참으로 중요하고 서로 사랑하는 아름다운 가정을 세워 나가고 유지하고 싶은 마음은 모두가 똑같은 마음으로 살아가고 있을 것으로 본다.

고린도전서는 가정의 중요성을 일깨워 준다.

고린도전서 13장 4-7절
"사랑은 오래 참고 사랑은 온유하며 시기하지 아니하며 사랑은 자랑하지 아니하며 교만하지 아니하며 무례히 행하지 아니하며 자기의 유익을 구하지 아니하며 성내지 아니하며 악한 것을 생각하지 아니하며 불의를 기뻐하지 아니하며 진리와 함께 기뻐하고 모든 것을 참으며 모든 것을 믿으며 모든 것을 바라며 모든 것을 견디느니라"

사도 바울이 고린도교회의 성도들을 향해서 서로 싸우지 말고 서로 사랑하며 살라고 주는 교훈들이다. 고린도전서 13장 4-7절에는 15개의 아가페적인 속성들을 세 부분으로 나누어서 기술되고 있다. 그래서 이 말씀을 가지고 사랑으로 가정을 바로 세워 가기 위해서 작은 단위의 교회인 가정의 구성원들 간에 어떻게 살아야 할지를 알아보고자 한다.

사랑은 오래 참고 온유해야 한다

남녀가 사랑을 하든지 가족들 간에 사랑을 하는 것은 사람들 사이의 사랑이다. 그러나 하나님께서 우리 사람들을 사랑하신 것은 아가페의 사랑으로 볼 수가 있다.

하나님께서 끝까지 오래 참으시고 끝까지 온유하게 우리 사람들을 사랑하시어 독생자까지 이 땅에 보내 주시어 죽기까지 하신 그 사랑은 사람으로서 따라하기 힘든 아가페적인 사랑이다.

여기서 사도 바울은 고린도 교인들에게 사랑은 오래 참고 온유해야 한다면서 예수님의 아가페적인 사랑을 강조하고 있는 것을 볼 수가 있다.

부부 사이, 부모와 자녀 또 형제자매들 간에 서로 사랑한다고 하면서 조금 의견이 안 맞다고 해서 참지 못하고 상대방을 욕하고 자신의 뜻을 관찰하려고 싸우는 모습을 주변에서 종종 볼 수 있다. 그러나 진정으로 그 상대방을 사랑한다면 오래 참아 주고 또 온유하고 친절하게 상대방에게 대해 주어야 하는 것이다.

지금까지 살아오면서 과연 나는 나의 남편 나의 아내 또는 자녀들이

나 형제자매들을 사랑한다고 말을 하면서도 나의 생각과 나의 뜻을 관찰하기 위해서 참지 못하고 화를 내거나 상대방을 힘들게 한 적은 없었는지 한번 되돌아보았으면 한다.

내가 가장 존경하는 분은 나의 어머니라고 언젠가 말한 적이 있다. 그 이유는 나에게 믿음의 유산을 잘 물려주시어 어머니를 가장 존경한다고 하였다.

그런데 지금 곰곰이 생각해 보니 나의 어머니를 존경한 큰 이유가 또 하나 더 있는 것 같다. 어린 시절에는 교회에 가서 장난도 많이 치고 학교 다녀와서도 친구들과 밖에서 어두울 때까지 전쟁놀이하고 다녀도 나의 어머니는 자녀인 나에게 한 번도 화를 내신 적이 없이 늘 참아 주시고 온유하게 대하여 주셨다는 생각이 든다.

그리고 내가 하는 일에 대해서 믿어 주시고 어머니가 바라시는 소망은 오직 예수 잘 믿는 자녀로 키우는 그 바람을 말씀해 주시곤 하셨다. 그래서 나는 지금까지 어머니 바람의 기대에 부응하기 위해서 열심히 믿음 생활하고, 성실하게 살아가고 있다.

어머니가 돌아가신 지 5년이 지났지만 항상 나의 마음에 가장 존경하는 분으로 자리 잡고 있음을 다시 한번 고백하고 싶다.

자녀들을 두고 손주들을 둔 부모로서 먼 훗날 자녀들이나 손주들로부터 존경하는 어머니 아버지, 할머니, 할아버지의 소리를 듣고 싶으면 오래 참고 온유한 마음으로 친절하게 사랑으로 자녀들을 잘 대하여야 하겠다는 마음이 든다.

하나님은 우리 사람들이 수많은 죄를 짓고 악함에도 참으시고 생명의 길을 열어 주셨다. 그리고 독생자 예수님께서는 우리 사람들을 위해서 그 십자가의 고통도 참아 주신 것처럼 우리들도 다른 사람들을 향해 참을 수 있는 자가 되어야 하겠다.

그래서 우리들 가정의 가족들이 서로서로 참아주고 친절하게 잘 대하여 줌으로 사랑으로 아름다운 가정을 세워 나가는 자들이 되어야 하겠다.

사랑은 교만하지 아니하며, 불의를 기뻐하지 아니하고 진리와 함께하여야 한다

고린도전서 13장 4-7절에 앞에서 두 가지를 하라고 하고 있다. 사랑은 오래 참고 온유하라고 하고는 이어서 여덟 가지 하지 말라고 하는 "아니하며"라고 말씀하고 있다.

"아니하며"라고 하는 여덟 가지를 살펴보고자 한다.

"사랑은 시기하지 아니하며

사랑은 자랑하지 아니하며

교만하지 아니하며

무례히 행하지 아니하며

자기의 유익을 구하지 아니하며

성내지 아니하며

악한 것을 생각하지 아니하며

불의를 기뻐하지 아니하며"

사도 바울이 고린도 교인들에게 더 이상 싸우지 말라고 지적한 이 여덟 가지 "아니하며"는 오늘날 세상을 살아가면서도 마찬가지로 적용이 되는 내용임을 알 수 있다.

교만한 사람들의 특징은 자신을 남에게 자랑하고 남에게 시기 질투하는 사람들인 것이다. 교만한 사람이 되지 않기 위해서는 자신을 자랑하지 말고 남에게 시기 질투하지 않는 삶을 살아가야 하겠다. 그리고 불의를 기뻐하는 사람들의 특징으로는 자기의 유익을 구하면서 남에게 무례하게 굴고 성을 내고 늘 악한 것을 생각하는 사람들인 것을 볼 수가 있다. 그러니 우리는 불의에 서지 않고 항상 진리 편에 서는 사람이 되어야 하겠다.

사람들은 하지 말라고 하는 것을 자꾸만 많이 하는 경향이 있는 것 같다.

십계명에서도 "하라"라고 하는 내용은 두 가지인데 나머지 여덟 가지는 "하지 말라"라고 하고 있다.

구약 시대에 하나님께서 모세를 통하여 직접 돌판에 새겨서 말씀하신 여덟 가지 하지 말라는 말씀과 신약 시대에 사도 바울을 통하여 오늘날 우리들에게 하지 말아야 할 여덟 가지를 "아니하며"라고 말씀하신 이 모든 것들은 오늘날 현대사회에서 그대로 적용되어야 할 말씀들인 것이다.

가정의 화목을 원하고 금실 좋은 부부 그리고 자녀들과의 좋은 관계, 형제자매들 간의 좋은 관계를 원한다면 이 여덟 가지를 아니하는 자들이 되어야 하겠다.

시기, 자랑, 교만, 무례히 행함, 자기의 유익, 성냄, 악한 것, 생각, 불의를 기뻐하지 아니하는 우리들이 되어야 하겠다. 그리고 진리와 함께 기뻐하는 자가 될 때에 서로 사랑하며 아름다운 가정을 바로 세워 나갈 수가 있을 것이다.

진리는 변함이 없는 것이다. 우리가 살아가면서 항상 진리와 진실 편에 서서 정의롭게 살아간다면 여덟 가지 하지 말아야 할 것을 하지 않고 살아갈 수가 있을 것이다. 그럴 때에 가정은 사랑으로 바로 세워 갈 수 있을 것이며 그런 가정이 모인 교회와 사회는 더욱 밝아질 것이다.

우리 모두 모든 것을 참고 온유한 마음의 사랑으로 가득한 가정과 교회, 밝은 사회를 위해서 항상 진리의 편에 서서 진실되게 살아갈 수 있는 자들이 되어야 하겠다.

사랑은 모든 것을 참고 믿고 바라고 견디어야 한다

사도 바울은 분열된 고린도교회 성도들에게 서로 사랑하며 모든 것을 참고 믿고 바라고 견디어 내어서 아름다운 교회가 되기를 바라는 권면을 하고 있는 것을 볼 수가 있다.

스탕달이 지은 《연애론》이란 책에서 남녀가 사랑을 하면서 결혼 여부를 결정하기 전에 반드시 봄, 여름, 가을, 겨울의 날씨와 같은 시절을 다 겪어 보고 결혼 여부를 결정하라고 하였다.

그 말은 봄, 여름, 가을과 같이 좋은 때만이 아니라 혹독한 추위와 눈보라가 치는 시절인 겨울과 같은 느낌이 와도 잘 참고 그 사람이 나의 영원한 동반자라는 생각이 들어서 모든 어려움을 이겨 낼 자신이 있을 때에 결혼할 배우자로 결정하라는 것이다.

그렇다. 남녀간의 사랑뿐만 아니라 가족들 간의 사랑도 마찬가지이다. 부모와 자녀 그리고 형제자매가 서로 사랑하면서 그 사랑을 계속 유지하기 위해서는 모든 것을 참고 믿고 바라고 견디어 내어야 그 가정이 바로 세워져 갈 수가 있는 것이다.

요한일서 4장 20절
"누구든지 하나님을 사랑하노라 하고 그 형제를 미워하면 이는 거짓 말하는 자니 보는 바 그 형제를 사랑치 아니하는 자가 보지 못하는 하나님을 사랑할 수 없느니라"

그렇다. 우리가 하나님을 믿고 사랑한다고 말하면서 나의 가족, 형제자매, 나의 이웃을 미워한다면 그것은 진정 하나님을 믿고 사랑한다고 할 수가 없는 것이다. 나의 바로 옆에 있는 가족과 형제자매, 이웃을 사랑치 아니하는 자가 어찌 육신으로 보지 못하는 하나님을 믿는다고 할 수가 있겠는가?

예수님은 분명하게 우리들에게 말씀하셨다. 첫째는 하나님을 사랑하는 것이고 둘째는 네 이웃을 내 몸과 같이 사랑하라고 하셨다. 그러니 나의 가족, 나의 형제자매, 나의 이웃을 사랑함으로 모든 것을 참아내고 믿고 바라고 견디어 내는 우리들이 되어야 하겠다.

사람들은 누군가를 사랑할 때 상대의 장점만을 보면서 그 장점만 가진 사람을 사랑하려 한다. 그리고는 그 사람을 내가 원하는 방식으로 변화시키려고 애를 쓰는 모습을 많이 볼 수 있다. 즉 내가 좋아하고 마음에 드는 것만 사랑하려고 하는 것이다.

그러나 성경 말씀에서의 사랑은 모든 어려움과 힘든 것을 견디어 내고 수용하는 것이 사랑임을 가르쳐 주고 있다. 즉 내가 어떤 사람을 사랑한다는 것은 그 사람의 장점만 보는 것이 아니라 어떤 단점이 보여도 모든 것을 견디고 수용하고 포용해야 가능하다는 것이다. 내가 원하는 방식대로 누군가를 사랑하는 것은 누구를 사랑하는 것이 아니라 나를 사랑하는 것이다.

그러면 진정한 마음으로 누군가를 사랑하는 것은 어떻게 가능할까?

상대방의 입장에 서 보는 것이다. 상대방의 입장에 서 보면 그의 말과 행동이 이해될 것이다. 충분히 상대방을 이해하고 나면 내 마음에 드는 그 사람의 장점뿐만 아니라 내 마음에 들지 않는 그 사람의 단점도 내가 수용할 수 있게 되는 것이다.

즉 하나님께서 각 사람마다 다른 개성과 특징을 주신 모습 그대로 상대방을 인정하고 그대로 받아 주는 것이 사랑의 목적임을 우리는 알아야 하겠다.

그렇게 되고 나면 상대방에 대해서 어떤 일이 있어도 사랑으로 참아 주고 그 사람을 믿어 주고 또 장래에 대한 소망을 가지고 어떤 힘든 상황이 와도 견디어 낼 수가 있게 되는 것이다.

이와 같이 사랑은 모든 것을 참고 믿고 바라고 견디어야 진정한 사랑이 되는 것이다.

우리 모두 이런 진정한 사랑을 가지고 아름답고 행복한 믿음의 가정을 바로 세워 가는 자들이 될 수 있기를 소망해 본다.

5. 구제와 선교를 실천하는 자는

세상에는 많이 가진 부자도 있고 또 별로 가진 게 없는 가난한 사람도 있다. 그런데 부자라고 해서 마음이 다 행복하고, 삶이 즐거울까? 꼭 그렇지 못함을 우리는 많이 볼 수 있는 것 같다.

큰 재벌가이지만 자살을 하는 사람도 있고 수많은 돈을 가진 자라도 상속 문제로 형제자매가 분쟁하여서 가족 관계가 파경에 이르는 사람들을 뉴스를 통하여서 가끔 볼 수가 있는 것을 볼 때 돈 많고 재산이 많다는 것과 행복은 비례하지 않다는 것을 우리는 쉽게 알 수가 있다.

그러면 과연 우리는 어떠 할 때에 마음이 평안하고 행복한 마음이 들까?

누군가로부터 무슨 선물을 받았을 때도 기쁘고 행복한 마음을 느낄 수 있을 것이다. 하지만 그 기쁨은 잠시 그때만의 기쁨이지 그렇게 오래가지 못함을 우리는 살아가면서 알 수가 있다.

우리의 마음이 누군가의 도움을 받을 때보다도 내가 누군가를 도와줄 때가 진정으로 더욱 평안하고 행복한 느낌이 들 때가 있는 그 원리를 성경 말씀을 통해서 한번 알아보고자 한다.

꼭 기억해야 할 것이 있다. 그것은 구제와 선교는 하나님 백성의 의무이며 하나님의 뜻을 실천하는 것이다.

신명기 15장 10-11절
"너는 반드시 그에게 줄 것이요, 줄 때에는 아끼는 마음을 품지 말 것이니라 이로 말미암아 네 하나님 여호와께서 네가 하는 모든 일과 네 손이 닿는 모든 일에 네게 복을 주시리라 땅에는 언제든지 가난한 자가 그치지 아니하겠으므로 내가 네게 명령하여 이르노니 너는 반드시 네 땅 안에 네 형제 중 곤란한 자와 궁핍한 자에게 네 손을 펼지니라"

우리는 어떤 때에 구제하고 선교를 해야 할까? 많은 돈과 재물이 있을 때에 하고 그렇지 못할 때는 하지 않아야 할까?

성경에는 내가 부족한 가운데서도 구제를 하고 나누어 주라고 한다. 내가 가진 것이 많을 때만 하는 것이 아니라 부족한 가운데서도 구제를 하라고 한다. 그리고 구제를 하되 아끼는 마음을 품지 말고 하라고 한다. 그리고 '너의 형제의 곤란한 자와 궁핍한 자에게 너의 손을 펼지니라'라고 한다.

그래서 구제는 내가 풍성할 때만 하는 것이 아니라 부족한 가운데서도 해야만 하는 하나님 백성의 의무이며 하나님의 뜻을 실천하는 것인 것이다.

개인뿐만 아니라 교회도 마찬가지이다. 교회의 재정이 넘쳐 날 때만 구제를 하는 것이 아니라 부족한 가운데서도 교회 재정의 일부를 구제와 선교에 배정하여서 하나님 백성의 의무를 다하고 하나님의 뜻을 잘 실천하는 교회가 되어야 하겠다.

교회가 함께 찬양과 말씀으로 예배를 드리고 성도 간에 교제만 하는 것으로 만족하는 교회가 되어서는 안 되며, 반드시 하나님 백성의 의무인 구제와 선교의 일을 함으로 하나님의 뜻을 잘 실천하는 교회가 되도록 우리는 힘써야 하는 것이다.

그렇게 구제와 선교를 실천하면 하나님께서는 우리들에게 주시는 귀한 선물들을 소개하고자 한다.

구제와 선교를 실천하는 자는 행복한 마음이 들고
구제와 선교를 하는 교회는 건강한 교회가 된다

누군가로부터 선물을 받았을 때와 누군가에게 선물을 주었을 때 어느 쪽이 더 행복한 마음이 들까?

사람에 따라서 각자가 다르게 느껴지고 생각이 다르기 때문에 어느 쪽이 꼭 더 행복하다는 말을 하기가 쉽지 않다. 나는 누군가에게 도움을 줄 수 있고 주었을 때가 훨씬 마음이 평온하고 행복한 느낌이 드는 편이다. 나도 원래는 선물을 받는 것을 더 좋아하고 기다려지는 편이었다. 그런데 어느 날부터 내가 받는 것보다 남에게 주는 것이 참으로 행복한 마음을 느끼기 시작하게 되었다.

약 23년 전 내가 대기업 주재원으로 미국에 나와 있을 때에 미국 국경에 접해서 위치한 멕시코 공장에서 일할 때였다. 미국에서 멕시코로 월요일에서 금요일은 승용차로 출퇴근을 했다. 그때에 TV 공장에서 사무직 여사원을 뽑기 위해 인터뷰를 하다가 한 응시자와 대화 중에 자기 아버지가 목사님이시고 멕시코에서 교회를 개척하였다고 하였다.

그래서 나는 자세히 그 교회를 알아보기 위해서 그 교회를 찾아간 적이 있었다. 그런데 그때 그 교회의 목사님은 멕시코 현지인이지만 시카고에서 3년간 신학을 공부하고 목사 안수를 받아서 멕시코 레이노사에서 자신들의 가족들과 함께 교회를 2000년 3월에 개척한 상태였던 것이다.

그 이후 나는 어느 주일날 오후에 그 교회를 방문해서 함께 예배를 드린 적이 있었다. 3명의 아들과 2명의 딸, 다섯 자녀를 둔 목사님 부부는 자녀들과 함께 찬양을 부르고 예배를 드리는데 나의 마음에 성령의 감동을 받으면서 그 교회와의 인연이 시작이 되었다. 그리고 나는 10년 동안 매년 봄과 겨울 두 차례 나의 가족들과 함께 그 교회를 방문하여서 그 교회의 어린이들에게 선물 등을 준비해 가서 주고 또 선교비를 보내기 시작하게 되었다.

그 교회는 가난한 동네에 있어서 헌금이 별로 나오지 않았다. 조금 모이면 벽돌 몇 장 구입해서 벽을 올리고 창문도 없이 예배를 보다가 돈이 조금 모이면 다시 창문을 만들고 지붕을 올리고 그리고 2층을 올리고 그렇게 가난한 교회도 멕시코의 내륙에 빈곤한 지역에 선교를 열심히 하고 지원하는 모습을 나는 보았다.

가진 게 별로 없어도 함께 예배드리는 사람들의 모습에는 기쁨으로 찬양하고 뜨겁게 예배드리는 모습을 보면서 가슴이 뭉클하고 눈물이 나올 때가 여러 번 있었다.

그 교회는 2000년도에 가족 7명이 시작하여서 2002년 60명, 2011년 200명, 2015년 350명 교인의 교회가 되는 건강한 교회가 되는 것을 보면서 하나님께서 나의 마음에 누군가에게 도움을 주었을 때에 오는 행복한 마음을 주셨다. 그래서 나는 2013년도에 G2G 선교회를 설립하고 2015년도에 미국에 비영리 제단에 등록하여서 나의 개인 사업장의 이윤을 가지고 해외 선교지를 돕는 자비량 선교 지원 일을 시작하게 되었다.

다른 사람들의 도움을 받아서 크게 하기보다는 그저 나의 가족 중심으로 시작하였으며 장래에 지속적으로 남을 돕는 마음에서 오는 행복한 마음을 다음 세대들이 잘 물려받아서 하나님 기뻐하시는 일들을 통하여 하나님 영광이 드높여지기를 소망하며 기도하고 있다. 그리고 누군가에게 나눔과 도움의 손길을 줄 수 있을 때가 참으로 행복한 마음이 들게 해 주신 하나님께 진심으로 감사한 마음으로 살아갈 수 있게 되었다.

나의 신앙 이야기를 한 것은 나의 어떤 자랑을 위한 것은 결코 아니다. 그저 주님께서 주신 행복한 마음을 느끼는 원리를 함께 나누고 싶은 마음으로 하였다.

사도행전 20장 35절
"범사에 여러분에게 모범을 보여 준 바와 같이 수고하여 약한 사람들은 돕고 또 주 예수께서 친히 말씀하신 바 주는 것이 받는 것보다 복이 있다 하심을 기억하여야 할지니라"

이 말씀에서 수고하여 약한 사람들을 도우라고 한다. 그래서 우리는 살아가면서 남의 도움을 받기보다 약한 사람들을 도와줄 수 있는 마음이 있으면 좋겠다.

나의 주변에 그리고 멀리는 세계적으로 나의 도움이 나의 손길이 필요한 곳이 있다면 언제든지 손을 펼쳐서 도움을 줄 수 있는 마음이 풍요로운 자가 되었으면 좋겠다.

'주 예수님께서 친히 말씀하신 바 주는 것이 받는 것보다 복이 있다'라고 하셨다. 그러니 우리 모두가 받는 것보다 주는 기쁨과 행복한 마음의 풍요로움이 넘쳐 나는 삶이 될 수 있기를 소망해 본다.

구제와 선교하는 자는 더 풍성하게 하신다라고 하였다

개인도 그렇고 교회도 마찬가지다. 지금 조금 부족한 것 같아도 그 부족함 가운데 나보다 더 가난한 자를 돌보고 구제와 선교를 한다면 그 마음이 풍성하게 느껴지고 실제로 하나님께서 가난한 자를 돌보는 자에게는 더 풍요롭게 해 주실 것이라고 하신 말씀도 성경에 여러 곳에 나와 있다.

잠언 11장 25절
"구제를 좋아하는 자는 풍족하여질 것이요 남을 윤택하게 하는 자는 윤택하여지리라"

구제를 하거나 선교를 할 때는 어떤 보상을 바라서는 안 될 것이다. 그냥 순수하게 도와주고 베푸는 마음으로 하여야만 진정한 마음의 풍요를 느낄 수가 있는 것이다. 내가 구제하고 도와주었다고 어떤 보상을 바라는 마음으로 한다면 그것은 진정한 구제라고 볼 수가 없다. 잠언 11장 25절 말씀과 같이 구제를 좋아하는 자는 더욱 풍족하여지고 남을 윤택하게 하는 자는 더욱 윤택하여지는 것이 하나님의 말씀이며 하나님께서 우리들에게 주신 메시지이다. 그러니 어떤 구제를 하고는 누군가에게 보상을 받으려는 마음으로 해서는 안 되는 것이다. 그냥 구제와 선교를 실천하면 하나님께서 다 아시고 그 마음을 풍족하게 해주시는 것이다.

예수님의 비유 중에 사마리아 사람의 비유를 보시면 진정으로 우리들이 어떠할 때에 구제를 해야 하는지를 잘 알 수가 있다.

누가복음 10장 30-37절
"예수께서 대답하여 이르시되 어떤 사람이 예루살렘에서 여리고로 내려가다가 강도를 만나매 강도들이 그 옷을 벗기고 때려 거의 죽은 것을 버리고 갔더라 마침 한 제사장이 그 길로 내려가다가 그를 보고 피하여 지나가고 또 이와 같이 한 레위인도 그 곳에 이르러 그를 보고 피하여 지나가되 어떤 사마리아 사람은 여행하는 중 거기 이르러 그를 보고 불쌍히 여겨 가까이 가서 기름과 포도주를 그 상처에 붓고 싸매고 자기 짐승에 태워 주막으로 데리고 가서 돌보아 주니라 그 이튿날 그가 주막 주인에게 데나리온 둘을 내어 주며 이르되 이 사람을 돌보아 주라 비용이 더 들면 내가 돌아올 때에 갚으리라 하였으니 네 생각에는 이 세 사람 중에 누가 강도 만난 자의 이웃이 되겠느냐 이르되 자비를 베푼 자니이다 예수께서 이르시되 가서 너도 이와 같이 하라 하시니라"

우리가 수도 없이 들었던 예수님의 비유의 말씀이다.

나의 도움이 필요로 한 사람은 멀리 있는 것이 아니다. 나의 주위에 나의 가까이에 있는 것이다. 길 가다가도 만날 수 있고 나의 형제자매 중에서 만날 수 있고 너무나도 많이 있지만 제사장과 레위인들은 삶이 궁핍하고 어려운 사람들도 아니고 사회에서 존경받는 위치의 사람들이었다. 그리고 풍족한 사람들이었지만 불쌍한 사람을 보고는 못 본 척하고 그냥 지나쳐 버렸던 것이다. 그런 제사장이 많은 사람들 앞에서 하나님 말씀을 전하고 사랑을 전한다고 한들 그것은 진정성이 없는 그저 외침에 불과할 것이다.

그러나 그 당시 사람 취급을 제대로 못 받던 사마리아 사람은 그냥 지나가지 않고 그 강도를 만나서 옷이 다 벗겨지고 거의 반 죽은 상태의 사람을 엎고 가서 주막에 맡기고 돈을 주고 '돌봐 주라 그리고 부족하면 돌아오면서 더 주겠다'라고 하면서 도와주었다.

'과연 누가 너의 이웃이냐?'라는 질문을 하시는 이 예수님의 비유에서 보듯이 우리는 나에게 가진 것이 많아서 풍족하여서 구제를 하고 선교를 하는 것이 아니라 비록 가진 것이 풍족하지 않지만 나의 주변에 있는 불쌍한 자를 구제하는 그 사마리아인 같은 자가 진정으로 마음이 풍성하고 행복한 삶을 살아가는 자라고 볼 수가 있는 것이다.

나의 형제자매, 이웃 그리고 어려운 교회 어려운 선교지를 보고서 그냥 지나치지 않고 뭔가 구제의 손길을 펼치는 삶이 되어서 구제를 하므로 하나님께서 주시는 더 풍요롭고 행복한 마음을 느낄 수 있어서 우리들의 남은 여생이 더욱 보람되고 기쁨이 넘치는 삶이 되기를 소망해 본다.

구제와 선교하는 마음이 가득하고 실천할 때 세상이 밝아진다

이 세상에는 많은 죄악과 악의가 가득한 세상이다. 누군가의 것을 빼앗아 가져가려는 사람이 많아서 뉴스에는 수시로 사기, 보이스 피싱 등 여러 악한 종류의 가사들이 무척 자주 나오고 있음을 우리는 보고 있는 실정이다. 이런 악한 세상에서도 기부 천사가 나타나고 또 가난하고 부족하지만 평생 모은 재산을 사회에 기부하는 할머니의 뉴스 등은 우리들의 마음을 훈훈하게 해 주고 있다.

기독교는 사랑의 종교이다.

마태복음 22장 37-40절

"예수께서 이르시되 네 마음을 다하고 목숨을 다하고 뜻을 다하여 주
너의 하나님을 사랑하라 하셨으니 이것이 크고 첫째 되는 계명이요
둘째도 그와 같으니 네 이웃을 네 자신 같이 사랑하라 하셨으니 이
두 계명이 온 율법과 선지자의 강령이니라"

예수님의 말씀에 의하면 첫째도 사랑이고 둘째도 사랑이다.
하나님을 사랑하고 네 이웃을 사랑하라는 말씀을 하셨다. 우리가 구
제를 할 때도 사랑하는 마음으로 하여야 하겠다.

사랑하는 마음이 없이 그냥 전해만 주는 것은 올바른 구제라 할 수가
없는 것이다. 뭔가 구제를 할 때는 사랑하는 마음을 가지고 그 사람을
위해서 기도하면서 나누어 주어야 하겠다. 그럴 때에 마음과 물질이 함
께 전달되어서 진정한 나눔의 기쁨을 느끼고 전달될 수가 있는 것이다.

그리고 형제자매와 이웃을 사랑한다면서 그 이웃이 힘들고 어려운
상황을 보고도 못 본 척하고 외면한다면 그것은 사랑한다고 볼 수가
없다. 진실로 사랑한다면 사랑하는 마음을 담아서 구제의 나눔을 실천
하는 게 당연하다. 그게 곧 예수님께서 우리들에게 가르쳐 주신 이웃
을 사랑하라는 말씀인 것이다.

고린도전서 13장 3절

"내가 내게 있는 모든 것으로 구제하고 또 내 몸을 불사르게 내어 줄

지라도 사랑이 없으면 내게 아무 유익이 없느니라"

현대사회에 한국 교회와 교인들이 왜 세상으로부터 지탄을 받게 되었을까? 교회와 교인이 하나님께서 기뻐하시는 일들을 하지 않고 교회 자체만 좋으라고 교인들만 좋으라고 너무 이기적인 교회와 교인이 되어서 그런 것이다.

히브리서 13장 16절
"오직 선을 행함과 서로 나누어 주기를 잊지 말라 하나님은 이 같은
제사를 기뻐 하시느니라"

하나님은 선을 행하고 서로 나누어 주는 자를 기뻐하신다. 세상이 악하고 많은 불의가 활개를 칠지라도 하나님께서 기뻐하시는 일 즉 선한 행함과 나누어 주기를 많이 실천하는 구제와 선교에 앞장서는 많은 사람들이 있을 때에는 세상은 더욱 밝아지고 사는 맛이 나고 마음이 풍요로운 행복한 사람들이 더욱 많아질 것이다.

우리 모두 그런 세상이 되도록 함께 기도하고 실천하는 교회와 교인이 되도록 노력하며 살아가야 하겠다.

그럴 때에 세상은 다시 밝아지고 교회는 세상에 빛과 소금의 역할을 다하는 자리로 돌아갈 수가 있으리라고 본다. 나부터 그렇게 살아가도록 기도하면서 실천하는 삶을 살아갈 수 있는 자가 되어야겠다.

6. 내가 주께 감사하리이다

코로나19가 오고 온라인 예배가 활성화된 시점에 나는 목회자가 아니지만 평신도로서 한 달에 한 번 매월 둘째 주에 글로벌 온라인 줌 화상 예배에서 설교를 하지만 설교가 끝나면 바로 다음 달 설교 제목으로 무엇을 할 것인가에 대해서 깊이 생각을 하게 되고 기도하면서 다음 설교에 필요한 말씀을 준비할 수 있기를 바라면서 하나님께 지혜를 구하는 기도를 한다. 그런데 이번 달에는 기도 중에 나의 마음에서 계속 감사에 대한 말씀들이 떠올랐다.

그래서 한 주 동안 사무실 출근해서 일을 시작하기 전에 큐티를 하면서 지금까지의 나의 인생에 감사의 조건들을 하루에 몇 개씩 적어 나가기 시작하였다. 일주일 동안 적어 보니 50개 정도가 되었다. 그리고는 그 감사한 일들에 대해서 읽어 보고는 마음에 더욱 와닿는 감사 제목에는 펜으로 마크를 해 보았다.

나의 감사 제목 TOP3를 잠시 소개해 보고자 한다. 첫 번째는 하나님을 알게 되고 하나님을 믿고 구원받은 것에 대한 감사의 제목이었다.

두 번째는 하나님을 믿을 수 있게 믿음의 유산을 잘 물려주신 어머니에 대한 감사 제목이었다. 세 번째는 아내를 만나서 세 자녀를 낳고 자녀들이 하나님을 잘 믿고 믿음의 가정들을 잘 이루어서 살아가는 모습이었다.

이 세 가지의 감사 제목들에서 주체는 하나님이시고 그리고 계속 등장하는 단어는 믿음임을 알 수가 있었다.

가을은 결실의 계절이고 모든 곡식과 과일들이 무르익어서 추수를 하는 계절이 되니 가을은 감사의 계절이란 생각이 든다. 한국과 미국, 캐나다, 독일, 네덜란드 등에서는 추수감사주일을 날짜는 서로 조금씩 다르지만 정하여서 절기로 또는 명절로 지내고 있다. 미국에서는 11월 넷째 주일 목요일을 땡스 기빙이라고 하여서 추수감사절로 정하여서 국가적인 명절로 지내고 있다.

감사 계절을 맞이하여서 우리들의 인생에 얼마나 감사한 일들이 있었고 또 지금은 얼마나 감사한 삶을 살고 있는지를 함께 생각해 보았으면 한다.

최근에 나는 사무엘상, 사무엘하, 역대상을 읽어 나갔다. 그리고 시편에 있는 하나님께 감사하는 표현들이 참으로 많고 또 놀랍다는 사실들을 알 수가 있었다. 특히 다윗의 인생 행로를 통하여 하나님께 더 감사하는 삶을 살아야 하겠다는 생각을 해 보게 되었다.

우리가 살아가면서 감사해야 할 이유에 대해서 성경 말씀을 통해서 알아보고자 한다.

주는 나의 하나님이시기 때문에 감사해야 하겠다

태어나서 살아가면서 아버지와 어머니에 대해서 감사하며 살아가는 것이 우리 사람들의 기본적인 모습일 것이다. 낳아 주시고 길러 주시고 입혀 주신 부모님에게 감사한 마음이 없다면 사람의 도리를 제대로 하지 못하는 사람이라고 지탄받을 수 있을 것이다. 육신의 아버지 어머니에게 늘 감사한 마음이 들 수 있는 것은 그만큼 부모님은 우리들에게 고마우신 분이시기 때문일 것이다.

주는 나의 하나님이시기 때문에 감사해야 할 이유는 많은 설명을 하기보다는 성경에 나와 있는 성경 구절을 통해서 알 수 있다.

> 시편 118편 28절
> "주는 나의 하나님이시라 내가 주께 감사하리이다 주는 나의 하나님이시라 내가 주를 높이리이다"

시편 118편은 역경 중에 처한 자신을 구원해 주시고 전쟁에서 승리하게 하시는 인자를 베푸신 하나님께 감사하며 이스라엘 백성을 찬양으로 초대하고 있는 시이다.

여기서 시인은 '주는 나의 하나님이시라'라고 고백하고 있다. 즉 나의 아버지 하나님이시라고 고백하고 있다. 나의 아버지 하나님이 어떠한 분이신지를 시편 118편에 아주 상세하게 잘 표현해 주고 있다.

시편 118편 5-7절

"내가 고통 중에 여호와께 부르짖었더니 여호와께서 응답하시고 나를 넓은 곳에 세웠도다 여호와는 내 편이시라 내가 두려워하지 아니하리니 사람이 내게 어찌할까 여호와께서 내 편이 되사 나를 돕는 자들 중에 계시니 그러므로 나를 미워하는 자들에게 보응하시는 것을 내가 보리로다"

내가 어려움에 처해 있을 때에 하나님께 부르짖었더니 하나님 아버지께서 내 편이 되어 주시니 두려워하지 아니하여도 되는 것이다. 하나님께서는 항상 내 편이 되어 주시니 나에게 어떤 일이 닥쳐와도 두려워할 이유가 없는 것이다. 그러니 하나님께 감사할 이유인 것이다.

12-14절

"그들이 벌들처럼 나를 에워쌌으나 가시덤불의 불 같이 타 없어졌나니 내가 여호와의 이름으로 그들을 끊으리로다 너는 나를 밀쳐 넘어뜨리려 하였으나 여호와께서는 나를 도우셨도다 여호와는 나의 능력과 찬송이시요 또 나의 구원이 되셨도다"

나를 해치려는 자들이 벌떼처럼 달려 들어도 가시덤불의 불같이 다 타 없어졌고 아버지의 이름으로 다 끊으며 나를 밀쳐 넘어뜨리려 하여도 아버지께서 나를 도와주시어 보호하여 주시고 구원하여 주셨던 분이 바로 하나님 아버지이시므로 우리는 감사해야 하겠다.

21-23절

"주께서 내게 응답하시고 나의 구원이 되셨으니 내가 주께 감사하리
이다 건축자가 버린 돌이 집 모퉁이의 머릿돌이 되었나니 이는 여호
와께서 행하신 것이요 우리 눈에 기이한 바로다"

항상 아버지께서 응답하여 주시고 나의 구원이 되어 주시며 사람들
이 버린 돌인 나를 아버지께서는 집 모퉁이의 머릿돌이 되게 해 주신
분이시다. 그러니 이러한 나의 아버지께 내가 감사하는 것은 너무나도
당연한 것이다.

나의 하나님 아버지께서는 우리들을 자녀 삼아 주시었고 나의 수많
은 죄들을 다 사하여 깨끗하게 씻어 주시었고 항상 나를 보호해 주시
고 구원해 주시는 아버지이신 것이다. 그러므로 우리는 날마다 아버지
를 사랑하고 아버지께 감사하는 삶을 살아가야 하겠다.

다윗의 삶을 돌아보면 청소년 시절에는 이새의 8명의 아들 중에 막
내로서 형들은 전쟁터로 나가고 막내인 다윗은 양들을 지키고 기르는
목자의 일을 하였다.

그런데 목자로서 양들을 지키기 위해서 사자와도 싸우고 물맷돌로
양을 헤지려는 많은 동물들을 물리치면서 가끔 수금을 연주하면서 양
들과 함께 푸른 초장에서 지냈다. 다윗은 어리지만 하나님에 대한 믿
음과 신뢰가 아주 돈독한 청년임을 우리는 알 수가 있다. 그 다윗이 하
나님을 의지하고 신뢰하는 믿음으로 골리앗을 물리쳤던 그 용기와 믿
음이 우리와 늘 함께할 수 있기를 소망해 본다.

다윗의 하나님 아버지는 곧 나의 하나님 아버지와 동일하신 분이시다. 나의 하나님 아버지께 날마다 감사한 삶이 늘 풍성하기를 간절하게 소망하며 기도한다.

아버지는 선하시며 인자하심이 영원하시기 때문에 감사해야 하겠다

우리의 육신의 아버지는 항상 선하시고 영원하지는 못다. 때로는 죄악이 마음에 들어가면 자녀를 떠나는 경우도 있으며 또 영원히 우리 자녀들과 함께하지 못하고 언젠가는 나이가 많아서 늙으면 이 세상을 떠나가시는 것이 순리이다.

시편 118편 29절
"감사하라 그는 선하시며 그의 인자하심이 영원함이로다"

우리 하나님 아버지는 항상 선하셔서 자녀인 우리들에게 항상 좋은 것으로만 주시려고 계획하고 실천하시는 분이시다. 우리가 하나님 아버지께 여러 가지 간구하는 기도를 할 때에도 항상 하나님 입장에서 하나님 보시기에 가장 좋은 것으로 허락하시는 분이시다.

만약에 그 간구하는 것이 나에게 덕이 되지 못하고 해로울 때는 허락지 않으시는데 그것도 결국 하나님의 입장에서 보면 나에게 도움을 주시는 것이며 나를 선한 길로 늘 인도하시고 계시는 것이다.

그리고 하나님 아버지는 항상 인자하심이 영원하신 분이시다.

여기에서 '인자하심'은 헬라어로 '아가페'로 번역이 된다. 성경 말씀에서 말하는 '인자하심'은 하나님의 백성들을 향한 하나님의 마음으로, 불쌍히 여기시는 사랑의 성품에서 비롯된 의미인 것이다. 이것은 하나님을 믿는 믿음 안에서만 경험할 수 있는 아가페적인 '사랑'인 것이다. 나를 미워하고 나를 죽이려는 원수도 사랑할 수 있는 것이 바로 인자함인 것이다.

하나님 아버지의 그 인자하심은 영원하신 분이신 것이다. 그러니 우리는 하나님 아버지께 감사하는 삶을 살아가야 하는 것이다.

다윗의 인생을 보면 늘 평탄한 길만 있지는 않았다. 사무엘 선지자로부터 기름부음을 받고 왕이 되기 전 오랫동안 사울에게 핍박을 받고 죽을 고비를 몇 번이나 당하면서 동굴에 숨어서 사울을 피했다. 그리고 왕이 된 이후에도 아들 압살롬의 배신으로 왕궁을 떠나서 피신을 하며 돌아다녔던 상황에서도 다윗은 하나님께 감사하는 표현을 하는 것을 볼 수가 있다.

시편 23편에 보면 "사망의 음침한 골짜기를 다닐찌라도 내 평생에 선하심과 인자하심이 반드시 나를 따르리니 내가 여호와의 집에 영원히 살리로다"라고 고백하고 있는 것을 볼 수가 있다.

하나님께서 기름 부으신 왕 사울은 다윗을 죽이려고 하지만 끝까지 사울을 사랑하고 자신의 손으로 사울 왕을 죽이지 않고 나중에 죽었다는 소식을 듣고는 슬퍼하는 다윗의 모습에서 우리는 주님의 인자하심의 아가페적인 사랑을 배울 수 있다. 그리고 아들 압살롬으로부터 쫓기는 상황의 고난과 역경 가운데서도 하나님께 감사하는 삶을 살아가는 다윗을 우리도 본받는 삶을 살아가야 하겠다.

주님의 선하심과 인자하심이 우리들에게 영원하시므로 하나님 아버지께 늘 감사하는 삶을 살아갈 수 있는 자가 될 수 있기를 소망하며 바라는 마음이다.

범사에 감사하는 것이 하나님의 뜻이기 때문에 감사해야 하겠다

한 나라의 왕의 뜻과 생각은 그 나라의 백성들에게 영향을 미치게 되어 있다. 왕의 어명이라고 하면 누구도 거역을 못 하고 따르는 게 원칙이었던 것을 우리는 잘 알고 있다. 그리고 왕이 명령을 하면 그 명령에 따라서 그 나라의 온 백성이 그 왕의 뜻에 따라야지 그렇지 않으면 그 나라의 백성이라고 할 수가 없다.

믿는 우리 크리스천들의 영적 아버지는 하나님 아버지이시다. 그리고 하늘나라의 왕이 바로 우리 하나님 아버지이시다. 그러니 하나님 아버지의 말씀을 잘 듣고 따르는 게 하늘나라 백성의 의무인 것이다.
우리 하나님 아버지의 말씀이 성령의 감동으로 쓰여진 하나님의 뜻이 성경 데살로니가전서 5장 18절에 잘 기록되어 있다.

"범사에 감사하라 이것이 그리스도 예수 안에서 너희를 향하신 하나
님의 뜻 이니라"

범사는 모든 일, 평범한 일을 뜻한다. 영문 성경에는 All Circumstances, 모든 상황이란 뜻이다.

즉 '기쁜 일, 슬픈 일, 좋은 일, 나쁜 일, 감사할 수 없는 일, 감사할 일, 모든 상황에서도 살아 숨 쉬고 있는 삶 전체에서도'란 뜻으로 볼 수가 있다.

'과연 나는 범사에 감사하고 있는가?'라고 우리 자신에게 한번 되물어 보았으면 한다.

예수 그리스도 안에서 우리들을 향한 하나님의 뜻은 범사에 감사하라는 것이다.

그런데 우리는 감사할 일이 있을 때만 감사하며 살아오지는 않았는지?

감사할 일이 있을 때 감사하는 삶은 세상의 사람들도 누구나 쉽게 하는 감사인 것이다.

우리가 하나님의 백성이고 하나님의 자녀이면 나에게 닥쳐온 어떤 상황에서도 범사에 감사하는 삶이 곧 하나님께서 원하시는 뜻인 것이다. 내가 조금 아프다고 또는 자녀에게 무슨 일이 생겼다고 염려와 걱정을 먼저 하면서 안절부절못하는 삶을 하나님은 원하지 않으신다.

분당우리교회 이찬수 목사님의 《감사》라는 책의 표지에 참으로 가슴에 와닿는 말이 있어서 소개하고자 한다.

"감사가 나를 살렸다.

가장 힘든 지금 감사가 가장 필요한 순간이다.

오늘 미리 드리는 감사가 내일의 기적을 가져다주는 능력이다."

우리에게 좀 힘들고 어려운 상황이 닥쳐올지라도 그때가 바로 감사가 가장 필요한 순간이란 것이다.

골로새서 4장 2절

"기도를 계속하고 기도에 감사함으로 깨어 있으라"

어떤 상황이 나에게 닥쳐올지라도 기도를 계속하고 그 기도에 감사하는 삶을 살아가는 것이 우리 하나님 아버지의 뜻인 것이다.

저자 김남용 대표의 《감사 나눔의 기적》이란 책에 보면 일상이 행복해지는 감사 나눔을 위해서는 "감사 중의 최고의 감사는 '그럼에도 불구하고 감사'하는 것"이라고 했다.

그러니 우리의 일상에서 힘들고 어려운 일이 있거나, 아무 감사할 일이 없는 것 같은 평범한 삶에서도 기도를 계속하고 하나님께 감사하는 마음을 가지고 살아가야 하겠다.

삶이 밋밋하고 아무 재미가 없고 흥미가 없음을 느낄 때도 감사해야 하는 것이다. 과거를 돌이켜 보면 감사해야 할 제목들이 수없이 많았음을 느낄 수가 있을 것이다. 그 과거의 감사했던 제목들을 생각하면서 현재에도 감사한 삶을 살아가야 하겠다. 그리고 장차 다가올 미래에도 하나님께 감사하는 마음으로 기도하면서 미래를 맞이하여야 하겠다.

과거와 현제와 미래가 감사의 제목들로 가득한 우리들의 삶이 되기를 간절하게 소망한다.

또 주변에 나의 배우자 가족 그리고 친구들에게도 감사의 표현을 많이 하므로 나와 하나님과의 관계뿐만 아니라 나의 주변의 모든 사람들과도 좋은 신뢰관계를 가지고서 늘 감사가 풍성하게 넘치는 삶이 되었으면 참으로 좋겠다

2부

성령 충만으로
응답받는
기도의 삶

1. 응답받는 기도란?

우리는 살아가면서 이런저런 여러 가지의 기도 제목을 가지고 간절히 기도를 하면서 살아가고 있는 분도 있다. 또 특별한 기도 제목은 없어도 그때그때 필요한 것을 간구하고 하나님의 도움을 받기 위한 기도를 하는 분도 있을 것이다.

나는 먼저 크게 두 가지의 질문을 던져 본다.

하나는 아무리 기도를 해도 응답이 없어서 실망하고 좌절하고 믿음생활을 포기하고 싶거나 하나님이 계신지에 대한 의구심을 가져 본 적은 없었는지?

둘째는 지금까지 살아가면서 하나님께 기도를 하여서 기도 응답을 잘 받으므로 삶이 기쁘고 즐겁고 감사가 넘칠 때가 얼마나 자주 있었는지?

이 두 가지 질문에 대한 기도 응답 여부의 그 해답을 성경 안에서 하나님의 말씀 가운데서 알아보고자 한다.

성경 66권은 하나님의 감동으로 성령의 이끌림을 받은 하나님의 신성한 자들 약 40명에 의해서 기록된 것이다. 그래서 성경의 모든 내용은 진실되고 진리의 하나님 말씀이며 하나님의 뜻이 담겨 있는 것이 바로 성경이다.

성경에 기도하면 이루어진다는 하나님의 약속의 말씀이 여러 곳에 많이 기록되어 있음을 우리는 익히 잘 알고 있다. 그렇지만 그 말씀 그대로 믿고 기도했다고 생각하는데 기도 응답이 안 되어서 많이 고민하고 하나님을 원망해 본 적은 없었는가?

위의 질문에 대한 답을 알아보기 위해서 성경에 나와 있는 기도에 대한 하나님의 약속의 여러 말씀들을 통하여서 응답받는 기도란 과연 어떻게 기도할 때인지를 한번 알아보고자 한다. 우리가 하나님께 기도할 때에 기도 응답의 방식에 대해서 크게 세 가지로 구분을 할 수 있겠다.

첫 번째는 하나님께 기도드렸을 때 쉽게 응답을 받은 경우이다

어떻게 무엇을 위해서 기도하면 응답이 잘 이루지는지 성경 말씀을 통하여서 알아보고자 한다.

요한복음 15장 7절
"너희가 내 안에 거하고 내 말이 너희 안에 거하면 무엇이든지 원하는 대로 구하라 그리하면 이루리라"

응답받는 기도의 첫 번째 조건은 "너희가 내 안에 거하고 내 말이 너희 안에 거하면"이란 조건이 우선적이다.

즉 우리의 생각과 행동과 삶이 주님과 함께하여야 하고 그리고 주님의 말씀이 우리들의 마음속에 항상 함께하고 우리의 삶이 말씀 가운데 살아가면서 기도하라는 것이다.

포도나무 가지가 열매를 많이 맺으려면 우선 포도나무 가지가 포도나무에 붙어 있어야 많은 열매를 맺을 수 있다. 예수님은 포도나무이면 우리는 가지이니 가지인 우리가 포도나무인 예수님을 떠나서는 과실을 맺을 수가 없는 것과 같은 원리인 것이다.

그러니 기도 응답의 첫째 조건은 나 자신이 예수님과 함께하고 예수님의 말씀이 내 마음속에 자리 잡고 있어야 한다는 것이다. 그리고 우리의 기도의 결과로 그 열매를 많이 맺으므로 말미암아 궁극적으로는 하나님 아버지가 영광을 받으실 수 있는 기도 제목들이면 응답이 잘 이루어진다는 것이다.

요한일서 5장 14-15절
"그를 향하여 우리가 가진 바 담대함이 이것이니 그의 뜻대로 무엇을 구하면 들으심이라 우리가 무엇이든지 구하는 바를 들으시는 줄을 안즉 우리가 그에게 구한 그것을 얻은 줄을 또한 아느니라"

기도할 때 때로는 하나님의 뜻은 안중에 없고 나의 뜻대로 나의 욕심대로 기도하고는 기도 응답이 안 된다고 실망한 적은 없는지를 뒤돌아보아야 하겠다.

기도할 때 나의 뜻대로 하는 것이 곧 하나님의 뜻에 합당한 것을 하였는지를 잘 생각해 보아야 하겠다. 하나님의 뜻대로 기도하면 하나님께서 잘 들으시고 잘 이루어 주시는 것이다.

마태복음 21장 22절
"너희가 기도할 때에 무엇이든지 믿고 구하는 것은 다 받으리라 하시니라"

여기서 기도하는 것을 이미 받은 줄로 믿고 구하는 것은 다 받으라고 말씀하신다. 그런데 기도하면서도 기도 응답 여부에 대해서 계속 의심을 가지고 있으면서 기도해 본 적은 없는지?

기도 응답을 쉽게 받기 위한 조건들을 다시 한번 정리해 보고자 한다.

기도하기 전에 나 자신이 먼저 예수님 안에 거하고 말씀이 나의 마음에 함께하면서 나의 뜻이 아니라 하나님의 뜻에 합당한 기도를 하고 또 구하는 것이 나의 욕심에 사용하는 것이 아니라 하나님 영광을 위해서 사용되기를 바라면서 기도한 것을 이미 받은 줄로 믿고 의심하지 않고 기도할 때에 하나님께서 쉽게 응답해 주신다는 것이다.

앞으로 기도할 때에 이와 같은 조건으로 기도하여서 기도 응답을 잘 받아서 신앙 생활이 즐겁고 기쁘고 감사가 넘치는 삶이 될 수 있기를 소망해 본다.

두 번째는 기도 응답이 천천히 되는 경우이다

이 조건대로 기도했는데 기도의 응답이 오지 않고 기다리고 또 기다리다가 늦게 응답을 받는 경우도 있다. 그것은 왜 그럴까?

그것에 대한 예가 성경 말씀 요한복음 11장 1-8절에 나와 있다. 예수님의 발에 향유를 붓고 머리털로 주의 발을 씻기던 마리아의 오라비 나사로가 병들어 죽게 되었다고 예수님께 아뢰었지만 예수님은 금방 가서 병을 낫게 하지 않으시었음을 볼 수가 있다.

> 요한복음 11장 4절
> "예수께서 들으시고 가라사대 이 병은 죽을 병이 아니라 하나님의 영광을 위함이요 하나님의 아들로 이를 인하여 영광을 얻게 하려 하심이라 하시니라"

나사로가 병들었다는 이야기를 들으시고도 이틀이나 더 계시던 곳에 유하신 후에 나사로가 이미 죽은 다음에 나사로에게 가서 나사로가 잠 들었도다 하시고 살려 내시는 것을 볼 때 사람의 생각으로는 이해가 잘 안되는 예수님의 계획을 볼 수가 있다.

우리가 아무리 계획을 하고 간절하게 기도할지라도 나의 계획이 아니라 하나님의 계획과 타이밍에 맞추어서 기도 응답이 된다는 것이다.

사람의 계획이 하나님의 계획을 따라갈 수가 없으며 그 하나님의 계획에 의해서 오직 하나님의 타이밍에 맞추어서 응답해 주시는 것이다. 그래서 우리는 기도를 하면서도 인내하는 마음을 가지고 성숙한 모습으로 나아가야 하겠다. 그리고 또 기도를 하여도 금방 응답이 안 되고 늦게 되는 경우에는 지금 인내를 통하여서 더욱 성장하게 해 주시기 위해서라고 볼 수 있다. 인내하면 영적으로 성숙된다.

야고보서 1장 2-4절

"내 형제들아 너희가 여러 가지 시험을 당하거든 온전히 기쁘게 여기라 이는 너희 믿음의 시련이 인내를 만들어 내는 줄 너희가 앎이라 인내를 온전히 이루라 이는 너희로 온전하게 구비하여 조금도 부족함이 없게 하려 함이라"

우리가 기도하여도 이루어지지 않는다고 시험을 당한 적은 없는지?

시험을 당하여도 온전히 기쁘게 여기고 믿음의 시련이 인내를 만들어 낸다고 한다. 이런 인내는 조금도 부족함이 없게 하려 하심이라고 성경에 약속의 말씀을 우리들에게 주셨다. 그러니 기도를 하면서 나 자신의 계획대로 안 된다고 너무 상심하지 말고 그저 인내를 하면서 하나님의 계획과 타이밍을 기다릴 때에 부족함 없이 채워 주실 것으로 믿고 기다림의 믿음으로 살아가야 하겠다. 기다리면서 마음이 불안하고 말씀에 대한 의심을 하지 말아야 하겠다.

요한복음 14장 27절

"평안을 너희에게 끼치노니 곧 나의 평안을 너희에게 주노라 내가 너희에게 주는 것은 세상이 주는 것과 같지 아니하니라 너희는 마음에 근심하지도 말고 두려워하지도 말라"

예수님이 세상에 오신 것은 우리들에게 평안을 주시기 위해서이다. 그분이 오심은 하늘에는 영광이요 땅에는 평화인 것이다. 그러니 기도를 하면서 잘 이루어지지 않는다고 너무 힘들어할 이유가 없는 것이다.

예수님은 우리들의 마음에 근심하지도 말고 두려워하지도 말라고 하신다. 모든 것을 예수님께 맡기고 평안한 마음으로 인내하면서 기도할 수 있는 우리들이 되어야 하겠다.

세 번째는 아무리 기도해도 응답이 안 되는 경우이다

우리가 기도할 때 주로 나의 생각과 나의 뜻대로 뭔가를 이루게 해 달라고 기도를 하고는 있지는 않은지 한번 뒤돌아보고 생각해 볼 필요가 있다. 그리고 그 기도가 이루어졌을 때 무엇을 위해 사용될지를 생각해 보아야 하겠다.

야고보서 4장 8절
"구하여도 받지 못함은 정욕으로 쓰려고 잘못 구하기 때문이라"

나의 기도 제목들이 나 자신만의 욕심과 정욕을 위한 기도 제목이 아니었는지 잘 생각해 볼 필요가 있다. 성경 말씀에 자신의 정욕으로 쓰려고 하는 기도는 구하여도 받지 못하는 잘못된 기도라고 분명하게 이야기해 주고 있다.

우리의 기도 응답의 결과가 그것을 나의 욕심과 정욕을 위한 것이 아니라 그 응답의 결과로 하나님의 영광을 위해서 쓰여지는 기도가 되어야 하는 것이다. 그렇지 않고는 기도 응답을 기대하지 않는 것이 마땅한 것이다.

또한 우리가 기도할 때에 하나님의 뜻과 계획은 생각하지 않고 오직 자신의 뜻과 계획을 가지고 간절히 기도하면서 간구한 적은 없는지 한번 뒤돌아볼 필요가 있다. 하나님의 자녀로서 이 세상을 살아가면서 세상적인 것을 위해서 뜻을 세우고 그 뜻을 위해서 간절하게 기도하였다면 로마서 12장 2절을 한번 유심히 살펴볼 필요가 있겠다.

로마서 12장 2절
"이 세대를 본받지 말고 오직 마음을 새롭게 함으로 변화를 받아 하나님의 선하시고 기뻐하시고 온전하신 뜻이 무엇인지 분별하도록 하라"

하나님은 우리들에게 분명하게 말씀해 주시고 계신다. 돈과 명예와 권력이 먼저이고 거짓과 술수로 남보다 내가 잘되려고 하는 세상적인 것을 본받지 말라고 하신다. 그리고 마음을 새롭게 하고 온전히 하나님의 선하시고 기뻐하시는 하나님의 온전한 뜻이 무엇인지를 분별하여 하나님의 뜻을 따라서 살아가야만 하겠다.

그 하나님의 뜻은 성경 66권에 상세하게 기록되어 있는 진리의 말씀들 속에서 찾을 수 있다.

마지막으로 하나님께 기도를 드려도 응답이 안 되는 경우가 있다. 분명히 이 기도를 응답받으면 하나님 영광을 위해서 사용한다는 생각으로 아무리 기도해도 기도 응답이 없을 때가 있을 수가 있다. 그것은 왜 그럴까?

한 가지 성경의 예를 들어서 알아보고자 한다

사도 바울은 육체의 가시라고 하는 육체적인 병을 가지고 계속 복음을 전하였다. 하나님께 기도를 했지만 그 기도를 들어주시지 않고 그 육체의 가시를 사도 바울은 가지고 살아갈 수밖에 없었다.

그 이유가 성경 고린도후서 12장 9절에 있다.

"내 은혜가 네게 족하도다 이는 내 능력이 약한 데서 온전하여짐이라"

사도 바울은 주님께 그의 육체적인 고통을 제거해 달라고 간절하게 여러 번 간구하였다. 육체적 아픔이 없다면 그는 복음을 전하기 위해서 더 많은 사람들에게 나아갈 수가 있었을 것이다. 그리고 하나님을 더욱 영화롭게 할 수도 있었을 것으로 본다. 하지만 하나님께서는 사도 바울의 교만을 막아서 성품을 좀 더 아름답게 유지지키어 복음을 전하는 게 하나님의 뜻이었던 것이다.

하나님은 육체의 문제가 무엇이든 그 어떤 문제를 제거하는 대신에 바울에게 그 육체의 가시를 안고 가므로 더 큰 은혜와 그리고 그 육체의 아픔을 감당할 수 있는 더 많은 힘을 주셨다. 그래서 사도 바울은 하나님의 "능력이 약한 가운데서도 온전하여지는 것"을 배웠다.

여기서 사람의 생각으로는 사도 바울의 육체적인 고통을 위해서 기도할 때에 나음을 받는 기도 응답이 있어야 할 것으로 보인다. 그러나 하나님은 그 사도 바울의 육체적인 가시를 그대로 두시는 목적과 뜻이 있었던 것이다.

즉 이 말은 우리가 기도를 하여서 사람의 생각으로는 응답이 안 되었다고 생각할 수가 있다. 하지만 하나님의 생각과 계획과 뜻은 사람의 생각과는 다른 곳에 있었던 것이다.

사람의 생각으로 기도 응답이 안 되었던 것도 하나님의 기준으로 보면 그것이 오히려 그 사람에게는 더욱 신앙 생활에 득이 되고 도움이 되므로 기도 응답을 받은 것으로 볼 수가 있는 것이다. 즉 어떤 기도 제목을 두고 기도할 때에 내 기준으로 내 뜻대로 하게 해 달라고 기도하기보다는 '하나님의 뜻대로 하시옵소서'라고 기도한다면 그 기도 제목이 이루어져도 또 이루어지지 않아도 모든 결과를 하나님의 뜻으로 받아들인다면 우리의 마음이 평안하고 늘 감사가 넘치는 삶으로 변화될 수 있다.

이제 마지막으로 우리가 살아가면서 정말 무엇을 위해서 기도해야 하는지를 잘 알려 주는 성경 말씀을 알아보고자 한다.

마태복음 6장 33절
"너희는 먼저 그의 나라와 그의 의를 구하라 그리하면 이 모든 것을 너희에게 더하시리라"

우리는 살아가면서 필요한 여러 가지들을 위해서 많이 기도하면서 살아가고 있는 편이 많다. 그런 우리들을 위해서 하나님께서는 우리가 기도할 때에 먼저 하나님의 나라와 의를 위해서 기도하라고 하신다.

그러면 우리들에게 필요한 것들을 더해 주시리라고 하신다. 복음을 위해서 그리고 하나님 나라 확장을 위해서 기도하는 삶을 살아가는 자가 돼라고 하나님께서 말씀하시고 계신다.

이제부터 우리는 기도할 때에 세상적인 물질이나 어떤 것을 좀 더 달라고 기도하기보다는 하나님의 나라와 그의 의 그리고 하나님의 영광을 위한 기도 또 복음을 전하는 일을 위한 기도의 제목들이 우리들의 기도 제목들이 되어서 기도 응답의 여부를 나의 생각으로 판단하는 것이 아니라 하나님의 생각과 뜻에 모든 것을 맡기는 삶을 살아가므로 더욱 평안하고 즐겁고 복된 믿음 생활을 하는 자가 되기를 소망하며 살아가야 하겠다.

2. 성령 충만을 사모하는 삶

하나님의 자녀인 우리는 이 세상을 살아가면서 무슨 꿈과 비전을 가지고 살아가고 있는지? 곰곰이 자신을 돌아보면서 한번 생각해 보았으면 한다.

많은 돈을 모으는 부자일까? 아니면 공부를 많이 해서 학식을 높이고 명예를 가지는 것일까? 또 노후를 편안하게 살아가는 꿈일까? 아니면 나의 세대는 이 정도로 마무리하고 나의 자녀와 자손들이 잘되었으면 하는 소망일까? 이러한 꿈과 비전들을 가지고 살아가는 우리들에게 꼭 필요한 것이 있다.

그것은 돈을 주고도 살 수가 없고 누구에게 빌릴 수도 없는 것이다. 오직 자신 스스로 하나님과의 일대일 관계에서 받을 수 있는 것이다. 그것은 하나님께서 누구든지 마음 문을 열고 받기를 간구하는 자들에게 무상으로 주시는 것이다. 그것은 바로 성령이다. 우리가 세상의 어떤 꿈을 이룬다고 할지라도 하나님의 자녀로서 꼭 필요한 것이 있는데 그것이 바로 성령 충만한 삶인 것이다.

그저 매주 교회에 다니는 출석 교인이 아니라 또는 매주 온라인으로 예배를 드리는 것으로 만족하는 것이 아니라 진정 하나님의 자녀로서 하나님께서 주시겠다는 그 성령을 받으면서 신앙 생활을 하여야 하겠다.

성령이란 무엇일까? 처음 믿음 생활을 할 때면 성령이 무엇인지 이해가 안 되는 분도 있을 수 있다. 아니 오래 신앙 생활을 하여도 성령 체험이 없는 분도 있을 수 있다. 잠깐 성령에 대해서 알아보고자 한다.

성 아우구스티누스의 "삼위 일체론"에 의하면 하나님은 한 하나님이시지만 성부, 성자, 성령의 세 위격으로 존재하신다.

성부는 우주 만물을 창조하시고 다스리시는 우리 하나님 아버지이시며 성자는 이 땅에 사람의 몸을 입고 오셔서 우리를 위하여 일하시고 십자가에 죽으시고 부활하심으로 구원을 완성하신 하나님의 독생자 예수 그리스도이시다.

"성자가 완성한 구속 사역을 죄인들과 피조물들에게 적용하시는 위격은 성령이시다. 물론 이 사역에 성부와 성령이 동참하지만 죄인을 중생시켜 새로운 사람이 되게 하고 성화되게 하며 견인하게 하시는 일은 독특하게 성령의 사역이다." 즉 다시 말하면 우리의 영을 다스리는 분은 성령이 하신다고 보면 된다.

우리 성도들이 신앙 생활을 하면서 가장 중요한 요소를 이야기한다면 첫째는 구원을 받아 천국 백성이 되는 것을 들 수 있고 그다음 천국 백성이 된 후에는 성령 충만한 생활로 하나님께 기쁨을 드리며 하나님 영광을 위한 삶을 살아가는 것이라고 할 수 있겠다.

오래전에 읽고 감명 깊었던 책 중에 《하나님과 함께한 스탠리 탬의 놀라운 모험》의 주인공 한 분을 소개하고자 한다. 이 책의 저자인 스탠리 탬은 성령의 이끌림을 받아서 성령의 체험을 하면서 크게 변화된 삶을 살았던 사람이다.

미국 굴지의 플라스틱 회사유나이트 스테이츠 플라스틱을 창업하였던 스탠리 탬은 세계적으로 크게 성공한 크리스천 기업인이다. 그는 1915년에 태어나서 61세에 암으로 고생하면서 하나님께 간절히 기도하여 나음을 받은 분이다. 그는 자신의 간증과 쓴 책들을 통해서 많은 사람들에게 깊은 믿음의 도전을 주고 있는 분이다.

그는 《하나님께서 나의 기업을 소유하시다》라는 책을 통해서 자기가 체험한 축복 된 삶의 지침을 다섯 가지로 정해 실천했다.

> "하나. 어떤 역경에도 하나님께 감사하자.
> 둘. 형제에게 해로운 말을 절대로 하지 말자.
> 셋. 성령의 음성에 순종하기 위해서라면 어떤 희생이라도 감수하자.
> 넷. 사랑으로 경영하고 분노로 사람을 다스리지 말자.
> 다섯. 매일 3번 다른 사람을 칭찬하자."

이 다섯 가지 삶의 지침을 가지고 살면서 자신의 삶의 제일 목표를 복음 전파와 세계 선교에 두고 수많은 선교사들을 도왔다. 그렇게 사니까 사업을 하면서도 참으로 기쁨을 누리면서 사업을 했다고 한다.

우리가 하나님을 온전히 신뢰하고 성령 충만한 삶으로 하나님께 드리는 삶 이웃들에게 베푸는 삶, 우리의 삶이 하나님 앞에서 향기로운 제물이 되는 삶을 살아간다면 하나님께서는 더욱 풍성하게 채워 주실 것이다. 그런 축복을 누리는 우리들의 삶이 되기를 간절히 소망해 본다.

성경 말씀 누가복음 11장 13절에서 예수님은 우리에게 주시고 싶은 가장 좋은 것을 주시는 것을 볼 수 있다.

"너희가 악할지라도 좋은 것을 자식에게 줄줄 알거든 하물며 하늘 아 버지께서 구하는 자에게 성령을 주시지 않겠느냐"

여기서 예수님이 '우리 인간이 악할지라도'라고 말씀하신 것은 우리 인간의 원죄와 죄를 지을 가능성을 인정하시고 그렇게 표현하신 것이다.

우리가 살아가면서 간구하는 여러 가지들도 각자에게는 중요할 수가 있다.

자녀의 진로 문제, 건강 문제, 물질 문제, 노후의 삶 등, 이 모든 것이 너무나 중요하다. 그러나 그러한 간구는 그때그때 구하며 하나님의 인도하심을 받으면 된다. 언제나 하나님께서 1순위로 우리에게 주시고 싶으신 것은 바로 성령이다.

왜 예수님은 기도하고 응답받으라는 말씀 끝에 성령을 받으라고 하실까?

로마서 8장 26절에 그 이유가 나와 있다.

"이와 같이 성령도 우리 연약함을 도우시나니 우리가 마땅히 빌 바를 알지 못하나 오직 성령이 말할 수 없는 탄식으로 우리를 위하여 친히 간구하시느니라"

우리가 지금 무엇을 기도해야 하는지조차 모르는 연약한 사람들이 기 때문이다. 성령께서 우리 안에 충만이 임하시면 기도하는 가운데 생각지도 않았던 내용을 간구하게 되는 것을 많이 본다.

앞에서 소개한 스탠리 탬의 삶을 보면 철저하게 자신의 삶이 아니라 하나님의 사업을 위해서 하나님의 영광을 위해서 성령의 이끌림을 받으며 살아갈 때에 진정한 삶의 의미를 찾아서 행복한 삶을 살아가는 모습을 볼 수 있다

어떻게 해야 성령을 받을 수 있을까? 교회 출석 잘하고 열심히 예배 드리고 봉사 많이 하는 것일까? 아니면 교회를 위해서 헌금을 많이 하는 것일까? 구제와 선교를 많이 하는 것일까?

물론 이러한 활동들은 믿음 생활을 하는 데 중요한 요소 중에 하나 이긴 하다. 그러나 성경에 성령을 받기 위해서 해야 할 것을 분명하게 이야기해 주고 있다.

사도행전 2장 38절
"너희가 회개하여 각각 예수 그리스도의 이름으로 세례를 받고 죄사
함을 얻으라 그리하면 성령을 선물로 받으리니"

성령을 받기 위해서는 첫째로 회개하라고 한다. 내 마음속에 가지고 있는 죄악들을 모두 주님께 고하고 잘못을 인정하면서 먼저 회개부터 하라고 한다. 그리고 예수를 제대로 믿기 위해서 세례를 받으라고 한다.

회개하고 세례를 받아서도 인간은 계속 죄를 짓고 살아가는 불완전한 존재이다. 그래서 그때그때 죄를 회개하고 용서함 받고 죄사함을

받으라는 것이다.

내 마음속에 죄를 그대로 가지고 계속 같은 죄를 반복해서 짓던 것을 내려놓고 회개하고 죄사함을 받고 하나님께 성령을 간구하는 기도를 하면 우리들도 성령을 선물로 받을 수 있다고 성경에는 분명하게 말씀하고 있다.

성령을 받고 나서 어떻게 하면 성령 충만한 삶을 유지할 수 있을까? 성령 충만한 삶의 유지 방법 여섯 가지를 신학교 공부할 때 노트에 적었던 것을 성경 구절에서 찾아서 소개하고자 한다.

1. 계속적인 성령 충만을 기대하고 사모한다. (에베소서 5:18)
2. 날마다 일정한 시간에 기도하며, 말씀 읽고 큐티를 한다. (여호수아 1:8)
3. 예배에 모이기를 힘쓴다. (히브리서 10:25)
4. 죄를 멀리하고 죄를 지으면 즉시 회개한다. (요한일서 1:9)
5. 성령의 전인 몸을 더럽히지 않고 성령님을 근심하게 하지 말라. (에베소서 4:30)
6. 부정적인 것을 멀리하라, 긍정적으로 생각하라. (빌립보서 4:13)

우리가 신앙 생활을 하면서 기도할 때에 세 가지 단계로 구분을 해 보고자 한다.
첫 번째, 기본적인 간구이다. 건강, 물질, 사업, 자녀, 등.

두 번째, 성령 충만한 삶의 간구, 충실한 믿음 생활을 위해서 하는 기도이다.

세 번째, 하나님의 영광과 나라 그의 의를 위한 간구, 하나님의 사업을 위한 기도를 말한다.

이 세 가지 중에 어느 단계의 기도를 우리가 많이 하고 있을까? 첫 번째 단계에 머무는 경우가 많다. 우리 모두가 세 번째 단계의 기도를 많이 할 수 있는 신앙을 가질 수 있다면 얼마나 좋을까?

그렇지 못한 우리들에게 예수님께서 누가복음 11장 9절에 "구하라 그러면 너희에게 주실 것이요 찾으라 그러면 찾을 것이요 문을 두드리라 그러면 열릴 것이니"라고 약속하셨다. 구하고 찾고 두드릴 때 더 좋은 것으로 주시고 또 성령을 주신다고 하셨다.

문제는 우리가 신앙 생활을 하면서 나 자신만 너무 의지하고 주님께 구하고 찾고 문을 두드리는 기도를 안 하기 때문에 성령님이 나의 마음에 다가오지 않는 것이다. 하나님께 구하고 찾고 문을 두드린다는 의미는 나를 의지하는 것이 아니라 하나님만 의지하고 하나님을 신뢰한다는 의미이다.

우리는 항상 하나님께 구하고 찾고 문을 두드리어 하나님께서 주시는 성령을 가진 자가 되어 날마다 성령 충만한 삶으로 주님의 나라와 의를 구하는 우리의 삶이 되어서 이 세상에서의 삶이 더욱 기쁨이 넘치고 행복한 삶이 되기를 소망해 본다.

성령이 우리들에게 임하시면 우리는 나 자신만의 삶을 위한 기도와 간구만이 아니라 복음을 전하는 증인이 되는 삶을 살아가야 한다고 사도행전 1장 8절에 말씀하신다.

"오직 성령이 너희에게 임하시면 너희가 권능을 받고 예루살렘과 온
유대와 사마리아와 땅 끝까지 이르러 내 증인이 되리라 하시니라"

우리들의 삶이 성령 충만한 삶으로 하나님께서 주시는 성령의 권능
을 받아서 이 세상 삶이 기쁨과 즐거운 마음으로 복음을 전하는 증인
이 되어서 하나님을 늘 기쁘시게 하고 하나님의 영광을 드높이는 삶을
살아갈 수 있는 자가 되었으면 참으로 좋겠다.

최근에 읽은 최상훈 목사님이 쓰신 《기도는 사라지지 않는다》라는
책에 이런 고백이 있다.

"성령님은 전심으로 구하는 자에게 능력을 제한 없이 부어 주시고 은
혜의 통로로 사용하시는 분이셨다."

참으로 은혜가 되는 목사님의 고백이다. 나도 그리고 이 글을 읽는
모든 분들도 이런 고백을 하게 되어 무한한 성령의 능력을 힘입어 축
복과 은혜의 통로가 되기를 바라며 소망한다.

3. 도와주고 붙들어 주시는 하나님

우리는 하나님을 믿는다고는 하면서 하나님의 도우심과 하나님의 손에 붙들리어 살아가는 삶을 살아가지 않고 자신의 힘만 의지하면서 살아가고 있지는 않은가?

하나님을 사랑하고 하나님을 믿는다고 하면서도 하나님의 능력을 믿지 않고 자신의 힘으로 모든 것을 해결하려고 하다가 넘어진 적은 없었는지를 한번 뒤돌아보았으면 한다.

우리가 믿고 있는 하나님의 도우심과 붙들림을 받는 삶을 어떻게 하면 살아갈 수 있을지를 성경 말씀을 통하여서 좀 더 알아보고자 한다.

우리가 세상을 살아가면서 기쁠 때도 있고 슬플 때도 있고 또 행복할 때도 있고 불행할 때도 있다. 우리의 삶에 늘 기쁨과 행복만 있다면 얼마나 좋을까?

인생은 희로애락이 늘 함께하는 삶인 것이다. 우리들에게 슬프고 불행한 일들이 다가온다 할지라도 우리의 마음과 영혼은 기쁨으로 이길 수 있는 힘이 있다면 참으로 좋을 것이다. 세상에 수많은 사람들 중에 나에게만 슬프고 불행한 일이 다가오는 것은 아니다. 누구에게나 한 번쯤은 어려운 일을 다 겪게 되는 게 세상살이인 것이다.

그러나 똑같은 어려움이 닥쳐올지라도 믿음을 가지고 믿음으로 이겨 내는 사람이 있는가 하면 믿음이 부족하여 낙심하고 절망하는 삶으로 힘들어하는 사람들도 있다.

이사야 41장 10절
"두려워하지 말라 내가 너와 함께 함이라 놀라지 말라 나는 네 하나님이 됨이라 내가 너를 굳세게 하리라 참으로 너를 도와주리라 참으로 나의 의로운 오른손으로 너를 붙들리라"

이 성경 말씀에서 하나님께서 우리들에게 약속한 말씀들이 있다.

하나님께서는 '두려워 말라 그리고 놀라지 말라'라고 하신다

우리들에게 어려운 일이 닥쳐왔을 때 우리 인간의 심리적인 현상은 먼저 두렵고 놀라는 게 일반적인 현상이다. 그런데 하나님께서는 두려워하지도 놀라지도 말라고 하신다. 왜냐하면 하나님께서 나와 함께해 주시고 나의 하나님이 되신다고 약속하셨기 때문이다.

여호수아 1장 9절
"마음을 강하게 하고 담대히 하라 두려워 말며 놀라지 말라 네가 어디로 가든지 네 하나님 여호와가 너와 함께 하느니라"

이와 같은 약속의 말씀이 있다.

하나님의 능력은 무한하시고 하나님은 무소부재하신 분이시다. 우리들에게 여러 가지 어려운 일들이 일어날 수가 있다 그러나 하나님의 약속의 말씀 의지하고 그 말씀을 그대로 믿고 하나님께 모든 것을 맡기고 믿음으로 나아가야 하겠다.

마음속에 근심이 있고 염려가 되면 초조해지고 두려워하게 되며 얼굴이 어두워지고 잠도 편안하게 못 자는 현상이 온다. 그러면 우울증이 오면서 깜짝깜짝 놀라기도 하는 경우도 발생한다. 하나님께서 함께 하신다고 마음을 편안하게 먹고 싶어도 잘 안될 수도 있다.

빌립보서 4장 6-7절
"아무 것도 염려하지 말고 다만 모든 일에 기도와 간구로, 너희 구할
것을 감사함으로 하나님께 아뢰라 그리하면 모든 지각에 뛰어난 하나
님의 평강이 그리스도 예수 안에서 너희 마음과 생각을 지키시리라"

우리들에게 무슨 일이 닥쳤을 때 먼저 두려워하고 놀라기보다는 빌립보서 4장 6-7절 말씀을 꼭 기억하고 염려보다는 기도와 간구로 우리 주 하나님께 아뢰면 하나님의 평강이 예수님의 사랑과 함께 우리들의 마음과 생각을 지켜 주시므로 평안함을 얻을 수 있는 것이다.

우리에게 어떠한 환난과 어려움이 닥쳐와도 이사야 41장10절 말씀과 빌립보서 4장 6-7절 말씀을 잘 기억하고 우리의 하나님 아버지께 간절하게 기도하고 간구하면서 예수님의 이름으로 구하고 찾고 문을

두드리는 삶을 살아가야 하겠다.

하나님께서 우리를 굳세게 하고 도와주리라고 하신다

어릴 때 혼자서 밤길을 걸을 때에 누군가 뒤쫓아오는 기분이 들면서 무섭고 혼자 길을 가기가 참 쉽지 않았던 것 같다. 그러나 혼자 가지 않고 형이나 누나나 부모가 함께 갈 때는 뭔가 마음이 든든하고 두려움이 없이 길을 잘 갈 수가 있었던 기억이 난다.

지금 우리들의 인생길에 혼자서 걸어 간다는 생각을 해 본 적은 없는지?

함께 걸어갈 친구도 없는 나의 모습에서 외로움과 두려움을 느껴 본 적은 없는지?

길을 걸어가든지 인생의 기나긴 행로에 혼자서 걸어간다는 생각을 하고는 늘 우울하고 외로운 느낌을 받는다면 하나님을 찾아야 하겠다.

성부 성자 성령의 하나님께서 우리들이 힘들고 외로울 때 굳세게 해주시고 또 우리를 도와주시겠다고 성경에 약속하셨다.

그러나 우리가 그분의 도움을 받으려 하지 않고 혼자서 끙끙되면서 해결해 나가려고 할 때에 더욱 힘들고 외로움에 사무치게 되는 것이다.

범사에 그분과 함께하는 삶.

범사에 그분의 도움을 간구하는 삶.

범사에 그분을 사랑하고 경외하는 삶.

범사에 감사하는 삶.

이런 삶을 살아가는 자에게 굳세게 해 주고 도와주신다고 분명하게 말씀하고 있다. 혼자 너무 고민하고 혼자 너무 모든 걸 완벽하게 하겠다는 생각을 내려놓고 우리들의 무거운 짐들을 그분께 맡기고 살아가야 하겠다.

마태복음 11장 28절에 예수님께서 말씀하셨다.

> "수고하고 무거운 짐진 자들아 다 내게로 오라 내가 너희를 쉬게 하리라"

이 말씀 의지하고 앞으로 우리들의 삶에 무거운 짐이 가벼워지고 나의 등 뒤에는 항상 든든한 아바 아버지께서 함께 하신다는 생각을 가지고 편안하고 든든한 마음으로 날마다 그분의 도움을 받으면서 기쁘고 복된 삶이 이어지기를 간절하게 소망해 본다.

'나의 의로운 손으로 너를 붙들리라'라고 하신다

어릴 때 어머니나 아버지의 손을 잡고 길을 걸을 때 또는 어린 손주들의 손을 잡고 길을 걸어 보면 어린아이가 어른의 손을 잡고 길을 갈 때는 쉽게 넘어지게 된다. 왜냐하면 발을 잘못 딛어서 넘어질 때는 어린아이가 잡았던 손을 그냥 놓아 버리고 넘어지는 것이다.

최근 들어서 손주들의 손을 꼭 잡고 길을 걸어갈 때 참으로 기쁘고 행복함을 느낀다. 그런데 어린아이들이 위험한 곳으로 가려고 하면 못 가게 손을 꼭 잡고 잘 포장된 길로 가게 하고 또 발을 잘못 디뎌 넘어지려고 하면 손주들의 손을 꼭 잡고는 넘어지지 않도록 해 준다.

자녀들과 손주들이 어릴 때 그 어린 손을 꼭 잡고 넘어지지 않고 험한 길을 가지 않고 바른길로 가도록 잘 인도하는 어머니와 아버지의 손은 언제나 든든하고 안전하였다.

오늘 하나님께서는 우리들의 손을 붙잡아 주시겠다고 약속해 주셨다.

그런데도 우리는 그분에게 하나님의 손에 붙들리는 삶을 살아가려고 노력을 하지 않고 살아간 적은 없는지?

그냥 나 혼자 그분의 손을 내 사고방식대로 내가 잡으려고 노력한 적은 없는지?

나 혼자 내 방식으로 그분의 손을 잡으려고 아무리 노력하여도 험한 풍파가 닥쳐오면 내가 손을 잡았기에 그 손을 놓고 좌절하고 넘어질 때가 많은 것이다.

그러나 하나님께서는 그분의 의로운 손으로 너를 붙들어 주시겠다고 하셨다.

그러면 어떻게 하면 하나님의 손에 붙들려서 넘어지지 않는 삶을 살아갈 수가 있을까?

나는 그분께 이렇게 늘 기도하는 삶을 살아가기를 소망한다.

"하나님을 알게 해 주시어 감사합니다.

하나님 죄송합니다. 하나님을 알고도 늘 많은 죄를 짓고 사는 죄인임을 고백합니다.

하나님 저의 모든 죄를 용서하여 주시옵소서.

하나님 저를 다시 일으켜 세워 주시고 새 힘을 주시옵소서.

하나님의 의로운 손으로 저를 꼭 잡아 주시옵소서.

예수님의 이름으로 기도합니다."라고 늘 살아가면서 외치면서 하나님의 손에 붙들려 살아가는 삶이 되기를 간절하게 소망해 본다.

고린도전서 10장 13절
"사람이 감당할 시험 밖에는 너희가 당한 것이 없나니 오직 하나님은
미쁘사 너희가 감당하지 못할 시험 당함을 허락하지 아니하시고 시험
당할 즈음에 또한 피할 길을 내사 너희로 능히 감당하게 하시느니라"

하나님의 의로운 손에 붙들려 살아가면 감당하지 못하는 시험을 허락하지 않으시고 또 시험당할 즈음에 피할 길을 열어 주시어 능히 감당하게 해 주시는 분이 바로 우리 주님이다.

우리는 하나님의 의로운 손에 붙들리어 평생 그분과 함께하는 삶을 살아갈 때에 어떤 시험과 유혹도 겁낼 것이 없는 것이다.

　넘어지기 전에 붙잡아 바로 세워 주시고 또 더 힘든 상황이 와도 피할 길을 열어 주시는 그분이 계시므로 우리는 참으로 든든하고 평안한 마음으로 날마다 그분과 함께하는 아름답고 즐거운 삶을 살아갈 수가 있는 것이다.

4. 고난과 역경을 통한 하나님의 은혜

우리는 살아가면서 고난과 역경을 한 번도 겪지 않고 살아가는 사람은 참으로 찾아보기가 힘들 것이다. 믿는 사람이든 믿지 않는 사람이든 고난은 누구에게나 찾아오는 것이다.

어느 지역에 비가 내리면 그 비가 누구나 똑같이 비를 맞는 것이다. 똑같은 고난이 찾아와도 그 고난을 잘 이겨 내는 사람이 있고 쉽게 넘어져서 자포자기하는 사람도 있는 것을 볼 수 있다.

고난과 역경은 나의 가장 가까운 곳에서부터 찾아오는 편이다. 나와 나의 가족의 건강 문제, 자녀 문제, 사업이나 경제적인 문제, 예기치 못한 사건사고 등 여러 분야에 걸쳐서 다양하게 찾아오는 경향이 있는 것이다.

'원하지는 않지만 앞으로 살아가면서 나에게 고난이 찾아오면 어떻게 극복할 것인가?'라는 질문을 자신에게 한번 해 보았으면 한다.

그렇다. 살아가면서 크고 작고의 차이가 있을 뿐이지 누구에게나 한 번씩은 고난과 역경의 힘든 시절이 다가오는 것이다. 그러나 그 고난과 역경을 만나도 큰 두려움이 없이 잘 이겨 내고 승리할 수 있다면 참으로 좋을 것이다.

그럼 어떻게 하면 우리가 그런 고난과 역경을 잘 이겨 낼 수 있을까?

로마서 5장 3-4절
"다만 이뿐 아니라 우리가 환난 중에도 즐거워하나니 이는 환난은 인
내를, 인내는 연단을, 연단은 소망을 이루는 줄 앎이로다"

말씀에서 '환난 중에도 즐거워하나니'라고 하고 있다. 도대체 환난
중에 어떻게 즐거워할 수 있을까? 그 환난만 가지고는 도무지 이해가
안 되는 말씀이다.

그러나 그다음 문장을 보면 환난은 인내를, 인내는 연단을, 연단은
소망을 이루는 줄 앎이라고 하였다.

즉 환난 그 자체만으로는 힘들고 어려운 상황이기 때문에 도무지 즐
거워할 수가 없을 것이다. 그 환난의 때가 곧 나에게 인내심이 생기고
나를 연단하여서 나에게도 소망이 생기겠다는 희망을 가진다면 그 환
난을 즐겁게 받아들일 수가 있게 되는 것이다. 살아가면서 어떤 고난
이 와도 그것을 이겨 내고 다시 새로운 소망을 가지고 희망적인 삶을
기다린다는 것은 즐거운 마음으로 그 고난을 감수하면서 인내하면서
이겨 낼 수 있을 것이다.

우리들에게 고난과 환난이 왔을 때에 어떻게 하여야 하며 또 그 고
난이 지나갔을 때는 어떻게 살아가야 할지에 대해서 성경 말씀을 통하
여서 알아보고자 한다.

고난과 역경이 올 때는 기본으로 돌아가야 할 하나님 은혜의 때이다

한 그루의 나무를 땅 위에 심었을 때, 그 나무가 몇 개월이 지나도 잘 자라지 않고 그 주변의 환경이 그 나무에는 적합한 환경이 되지 못하여서 시들시들해지는 것을 보았다.

나무가 잘 자라려면 뿌리에서 물을 잘 빨아들이고 햇빛을 잘 받아서 기온이 그 나무에 적합해야 나무가 튼튼하게 잘 자랄 수가 있는 것이다. 그런데 그 나무가 왠지 시들시들하면서 죽어 가는 고난을 겪게 되었을 때 우리는 어떻게 해야 할까?

나무를 살리려면 그냥 방치해서는 안 된다. 가지치기를 해 주고 그리고 뿌리에서 물을 잘 빨아들이고 햇빛을 잘 받는 곳으로 옮겨 주는 변화가 필요하다. 그렇게 할 때에 그 나무는 다시 뿌리를 내리고 그 고난과 역경을 이겨 내고 튼튼한 나무로 자라 갈 수 있다.

그 고난과 역경 속에서 나무가 할 수 있는 것은 거의 없었지만 그 나무의 주인이 나무의 상태를 파악하고 가장 적합한 환경으로 바꾸어 주었을 때 나무는 다시 뿌리를 내리고 또 햇빛을 받아서 새싹이 나고 나무가 튼튼하게 성장해 갈 수 있는 것이다.

고난과 역경에 처해 있던 나무에게 가장 필요한 것은 나무에게 가장 기본적인 것 즉 물과 햇빛과 나무에게 적합한 토양으로 돌아가는 것이었다.

우리 믿는 사람들에게 고난과 역경이 다가왔을 때도 마찬가지이다. 나의 힘과 나의 지혜로 해결해 보려고 아무리 발버둥 쳐 보아도 더욱 힘들어져 갈 때가 있다. 그럴 때에는 기본으로 돌아가야 한다. 나의 힘과 지혜가 아닌 하나님의 능력과 하나님의 지혜를 구하여야 하는 것이다. 그러기 위해서는 마음을 가다듬고 말씀과 기도와 찬양과 함께하는 예배의 자리로 돌아가야 한다. 즉 하나님께로 돌아가야 하는 것이다.

하나님께서 주시는 지혜와 하나님께서 주시는 능력을 받을 수 있는 자리로 나아가야 하는 것이다. 나의 힘과 지혜가 아닌 하나님의 능력과 지혜를 구하기 위해서 하나님께 전적으로 맡기는 삶의 자세로 바꾸어야 하는 것이다.

잠언 3장 5-6절

"너는 마음을 다하여 여호와를 신뢰하고 네 명철을 의지하지 말라 너는 범사에 그를 인정하라 그리하면 네 길을 지도하시리라"

우리가 먼저 여호와 하나님 아버지를 믿고 그 능력과 역사하심을 신뢰하여야 하겠다.

내가 하나님을 믿는 사람이라고 하면서도 하나님을 신뢰하지 않고 자꾸만 사람을 의지해서는 안 되겠다. 나의 능력과 지혜와 명철을 너무 의지하지 말아야 하겠다. 전지전능하신 하나님을 항상 인정하고 그분의 말씀에 의지하여 그 말씀 가운데서 하나님이 주시는 지혜를 깨닫게 해 달라고 간절하게 기도하면서 나아가야 하겠다. 그렇게 할 때에 하나님께서 우리의 길을 잘 인도해 주시고 지도해 주시는 것이다.

베드로전서 5장 6-7절

"그러므로 하나님의 능하신 손 아래에서 겸손하라 때가 되면 너희를 높이시리라 너희 염려를 다 주께 맡기라 이는 그가 너희를 돌보심이라"

우리는 능력의 하나님 손아래에 있어야 하겠다. 너무 나 자신을 의존하지 말고 그저 겸손하게 그분의 능력에 맡기는 삶을 살아갈 때에 하나님께서 우리들을 귀하게 사용해 주시는 것이다.

그리고 우리들의 모든 염려를 다 그분께 맡겨야 하겠다. 그럴 때에 그분께서 우리들을 돌보아 주시는 것이다. 고난과 역경이 찾아올 때는 하나님께로 나아가야 할 때이다. 말씀과 기도와 찬양으로 예배의 자리로 나아가야 할 때인 것이다. 힘들고 지쳐 있다고 예배도 드리지 않고 기도도 하지 않고 성경 말씀도 보지 않는 자는 참으로 어리석은 자이다. 그럴 때일수록 더욱 우리는 기본의 자리로 나아가야 하는 것이다.

우리 믿는 자들의 기본은 무엇일까? 말씀과 기도와 찬양으로 예배의 자리로 나아가야 하는 것이다. 그리고 하나님께 간절하게 기도하면서 그분께 맡기는 삶으로 나아가야 하는 것이다.

살아가면서 힘들고 어려운 고난과 역경이 찾아올 때는 반드시 믿는 사람의 기본인 말씀과 기도와 찬양으로 예배의 자리로 돌아가서 어떠한 고난이 와도 잘 극복하여서 그 크신 하나님의 은혜를 항상 풍성하게 누리는 자들이 되어야 하겠다.

고난과 역경이 올 때는 위기를 기회로 만드는 하나님의 은혜의 때이다

고난이 왔다는 것은 인생의 여정에 위기가 찾아왔다고 볼 수 있다.

위기란 무엇을 의미할까?

위기를 한자로 풀이하면 '위태할 위'와 '기회 기'로 이루어진 합성어이다. 즉 위험한 시기를 뜻하는 단어이다.

우리는 어떤 위기에 처하면 먼저 염려하고 걱정부터 하는 경향이 많다.

그러나 위기의 풀이한 것을 보면 위기는 곧 기회의 때라고 볼 수가 있는 것이다. 다시 말하면 전화위복이란 사자성어로 볼 수도 있는 것이다.

특히 우리 믿는 사람들은 위기가 곧 기회임을 알고 믿음의 눈으로 위험한 상황을 잘 볼 수 있어야 하겠다. 위기가 찾아왔을 때가 바로 우리를 위해 일하시는 하나님의 능력이 더욱 필요한 때인 것이다.

하나님의 말씀을 믿고 살아가는 우리들에게는 위기가 찾아왔을 때가 바로 하나님과 더욱 밀접하게 만날 수 있는 좋은 기회이자 은혜의 때인 것이다. 성경에서는 위기가 곧 기회가 된 경우들을 여러 곳에서 많이 볼 수 있다.

그중에 다윗의 삶을 소개하고자 한다.

다윗의 삶은 그 전체가 위기가 기회가 되었다고 볼 수 있다. 골리앗 앞에 섰던 소년 다윗은 이스라엘의 큰 위기를 하나님의 능력을 믿고 물맷돌로 골리앗을 쓰러뜨리고 이스라엘이 큰 승리를 거두게 하는 기회가 되었고 사울 왕에게 잡혀 죽을 위기에 처하였지만 믿음으로 지혜롭게 그 위기를 잘 넘김으로 이스라엘의 왕이 되었던 것이다. 그리고 왕이 된 이후에도 여러차례 위기가 닥쳐왔지만 항상 하나님과 함께하여 하나님의 지혜를 구하므로 잘 이겨 냄을 볼 수가 있다.

시편 119편 71절

"고난 당한 것이 내게 유익이라 이로 말미암아 내가 주의 율례들을
배우게 되었나이다"

여기서 우리는 고난을 통하여서 하나님의 생각과 하나님의 뜻을 알
게 될 때가 참으로 많다는 것이다. 고난을 당하기 전에는 나의 생각과
나의 뜻대로 살다 보니까 잘못된 길로 갈 수 있었다. 그러나 고난과 환
난을 겪은 후에는 철저하게 하나님의 생각과 하나님의 뜻에 맞게 살아
갈 수밖에 없게 되었다는 것이다. 그래서 우리들에게 고난이 왔을 때
가 오히려 더 큰 유익이 된다는 것이다.

미스터 폴리의 행복한 일상에서 발췌한 시 하나를 소개하고자 한다.
뉴욕대 부속병원 재활센터 벽에 붙어 있는 시이다.

"큰일을 이루기 위해 힘을 달라고 하나님께 기도했더니, 겸손을 배우
라고 연약함을 주셨다.
많은 일을 해낼 수 있는 건강을 구했는데, 보다 가치 있는 일을 하라
고 질병을 주셨다.
행복해지고 싶어 부유함을 구했더니, 지혜로워지라고 가난을 주셨다.
세상 사람들의 칭찬을 받고자 성공을 구했더니, 뽐내지 말라고 실패
를 주셨다.
구한 것은 하나도 주시지 않았지만, 하나님의 뜻을 온전히 따르지 못
하는 삶이었지만, 내 마음속에 진심으로 표현하지 못하던 기도는 모

두 들어주셨다.

나는 하나님께 가장 많은 축복을 받은 사람이다.

하나님은 내 소원을 모두 들어주셨다."

참으로 마음에 와닿는다. 고난을 만나면 살아 계신 하나님을 더욱 체험적이고 간절하게 알아가게 되는 것이다. 그래서 극심한 고난 가운데서 살아 계신 하나님을 아주 친밀하게 만나게 된다는 것이다.

우리의 인생도 위기의 연속이라고 볼 수가 있겠다. 위기를 피하고 싶지만 우리 인생 가운데 위기가 누구에게나 찾아올 수가 있다. 그러한 위기가 찾아왔을 때 어떻게 대응하고 어떤 마음으로 대처 하느냐에 따라서 위기가 될 수가 있고, 기회가 될 수 있는 것이다.

나는 대기업에 다니면서 주재원으로 미국으로 나왔다가 자녀들의 교육 문제로 45세에 한국으로 귀환하지 않고 스스로 회사를 그만두고 현지에 정착하여 개인 사업을 시작하게 되었다. 지금까지 약 20년째 휴대폰 관련 매장을 운영하고 있는데 6년 전에 나는 5개의 대리점 형태의 매장을 모두 매각을 하고 새로운 개념의 휴대폰 종합 서비스 매장을 한 개 다시 오픈을 하였다.

나이 60부터는 일을 좀 줄이고 내가 하고 싶은 선교 관련 일들을 더 하고 싶어서 매장을 한 개만 운영하기로 하고 다시 오픈하였는데 3개월 만에 밤에 매장에 도둑이 벽을 뚫고 들어와서 현금과 컴퓨터, 아이폰, 아이패드 등 돈 되는 것들을 가지고 가 버린 일이 생겼다.

매장에 카메라가 설치되어 있었지만 도둑은 비디오 녹화가 되어 있는 DVR을 통째로 들고 갔고, 현금 보관함도 번호 맞추는 것으로 되어 있었지만 다 부수고 가지고 갔다.

참으로 황당한 일이 벌어졌다. 위기의 때를 맞이한 것이다. 60세 이후부터는 일을 좀 줄이고 하고 싶은 일을 한다고 생각했는데 아예 일을 접어야 하나 고민이 되었다.

나는 그때 가장 기본으로 돌아갔다. 먼저 기도하면서 하나님께 지혜를 구하고 하나님께 어떻게 하면 좋을지를 말씀 가운데서 답을 찾아가기 시작했다.

그래서 다시 사업을 안전하게 오랫동안 하기 위해서 가장 기본적인 것부터 다시 재정비하기 시작했다. 카메라를 다시 설치하되 클라우드에 저장되도록 하여서 녹화된 것을 어느 누구도 가지고 가지 못하게 하고 휴대폰으로 언제 어디서든 확인할 수 있게 하였다.

그리고 사무실에 대형 금고를 만들어서 현금과 각종 고가품, 아이폰, 아이패드, LAPTOP 등을 안전하게 보관할 수 있도록 설치하였다. 그리고 서큐리티 시스템으로 나의 전화기로 무슨 문제 발생 시에 즉각 연락이 오는 시스템을 설치하였다.

지금까지 6년 동안 하나님의 은혜로 안전하게 잘 성장해 가고 있어서 참으로 감사한 마음이다.

그래서 그 이후 나는 사무실에 출근을 하면 제일 먼저 큐티를 하기 시작했다. 성경 한 구절을 공책에 쓰고 그리고 "감사합니다"를 열 번 쓰고는 다시 성경 몇 장을 읽고는 기도를 하며 하루의 일과를 시작하게 되었다.

그렇다. 우리는 살아가면서 누구에게나 위기의 때가 있을 수 있다. 그러나 우리 믿는 사람은 무엇보다도 위기가 찾아왔다고 해서 포기하고 낙망하는 것이 아니라 믿는 사람의 가장 기본인 하나님을 찾고 하나님께 기도하면서 하나님의 지혜를 구하여서 위기를 기회로 전환시키는 삶을 살아가야 하겠다.

위기는 곧 하나님과 더 가까워질 수 있는 기회 즉 하나님의 은혜의 때인 것이다. 살아가면서 어떤 위기가 오더라도 두려워하지 말고 하나님의 은혜의 때를 맞이할 수 있는 자들이 되어야 하겠다.

고난과 역경이 지나가고 나면 그때를 기억하고 은혜를 나누어야 하는 때이다

지금까지 어떤 고난과 역경의 위기를 다 이겨 낸 것은 모든 것이 하나님의 은혜였다는 것을 우리는 잊지 않고 꼭 기억하며 살아가야 하겠다.

하나님으로부터 입은 그 큰 은혜를 어떻게 하면 잊지 않고 살아갈 수 있을까?

그 은혜에 날마다 감사한 마음을 가지고 살아가야 하겠다. 그리고 우리가 받은 하나님의 은혜와 축복을 이웃과 함께 나누는 삶을 살아가야 하겠다.

시편 116편 12절

"여호와께서 내게 주신 모든 은혜를 무엇으로 보답할꼬"

사도행전 20장 35절

"범사에 너희에게 모본을 보였노니 곧 이같이 수고하여 약한 사람들을 돕고 또 주 예수의 친히 말씀하신 바 주는 것이 받는 것보다 복이 있다 하심을 기억하여야 할지니라"

하나님께서 주신 그 은혜를 평생 나누는 삶을 우리는 살아가야 하겠다. 내가 가진 것이 꼭 많아서 나누는 것이 아니라 부족한 가운데서도 나의 마음을 나누고 그리고 물질을 나누고 또 나의 몸을 가지고 봉사를 하면서 각양각색으로 나의 은사에 맞게끔 내가 받은 은혜를 나보다 약한 사람들을 돕고 함께 나누는 아름다운 삶을 살아갈 수 있는 우리들이 되어야 하겠다.

예수님께서 친히 말씀하신 바 주는 것이 받는 것보다 복이 있다 하심을 우리는 꼭 기억하면서 나의 고난과 위기를 잘 이기게 해 주신 하나님의 그 크신 은혜에 감사하고 그 은혜를 매일 갚아 나가는 삶을 살아가는 자가 될 때에 참으로 아름답고 행복한 믿음의 삶을 살아가는 자가 될 것이다.

5. 하나님의 절묘한 타이밍

우리는 살아가면서 소망하는 것들을 참으로 많이 가지고 살아가고 있다. 어릴 때부터 지금까지 참으로 많이 바라는 것들이 있었을 것이다. 그러한 소망과 바람들을 하나님께 기도하면서 애원한 적도 있고 또 간절하게 절규하듯이 간구한 적도 있을 것이다.

그러나 그런 소망과 바람을 기도 제목으로 정하여 열심히 매일 기도를 하여도 그 기도에 대한 응답을 받지 못하고 신앙적으로 지쳐 본 적도 있을 것이다.

내가 아무리 눈물을 흘리며 기도를 하여도 아무 응답이 없는 것 같고 그저 산 위에서 울려 퍼지는 메아리처럼 계속 혼자 간구하는 기도를 해 본 적도 있을 것이다.

기도의 응답이 안 되는 것 같은 느낌이 들면 마음이 불안해지고 초조해지면서 하나님이 계시는지 안 계시는지 왜 내 기도는 안 들어주시지라고 하나님께 투정을 부려 본 적도 있을 것이다.

전도서 3장 11절
"하나님이 모든 것을 지으시되 때를 따라 아름답게 하셨고 또 사람들

에게는 영원을 사모하는 마음을 주셨느니라 그러나 하나님이 하시는
일의 시종을 사람으로 측량할 수 없게 하셨도다"

말씀에서 "하나님은 때를 따라 아름답게 하시는 분"이라고 하신다.
그리고 "하나님의 하시는 일의 시종을 사람으로 측량할 수 없게 하셨
도다"라고 하셨기에 우리는 때와 기한을 아는 것이 우리 사람들에게
허락된 것이 아님을 알 수 있다. 때와 기한은 오직 하나님만 아실 수
있기 때문에 우리는 우리에게 주신 영원을 사모하는 마음으로 겸손히
하나님의 때를 기다려야 하겠다.

나의 기준으로 때를 정해 놓고 아무리 기도해도 하나님의 때가 아니
면 우리는 인내하며 계속 기다려야 하는 것이다.

젊은 청년 전대진 작가가 지은《하나님 저 잘 살고 있나요?》에서 하
나님 타이밍에 대해서 이렇게 표현하였다.

"하나님의 생각은 나보다 훨씬 더 크고, 더 넓고, 더 깊다.
하나님의 타이밍과 나의 타이밍이 다를 때가 있다.
하나님의 타이밍을 기다리자.
그러면 주께서 일하실 것이다."

참으로 공감이 가는데 그렇게 기다리지 못할 때가 있다. 그럴 때마다
후회하고, 마음 아파하는 삶을 살아 가는 우리 인생이란 생각을 해 본다.

사람으로서는 하나님께서 하시는 모든 일과 계획들을 알 수가 없으며 하나님의 광대한 계획과 섭리하심을 알 수 없는 게 지극히 정상적인 것이다. "하나님이 하시는 일의 시종을 사람으로 측량할 수 없게 하셨도다"라고 하신다. 그러니 사람이 아무리 사람의 생각과 계획을 가지고 하나님께 기도한다고 해서 그게 사람의 뜻대로 될 수가 없는 것이다. 오직 하나님의 계획과 하나님의 뜻대로 하시는 것이다.

> 잠언 16장 9절
> "사람이 마음으로 자기의 길을 계획할지라도 그 걸음을 인도하는 자는 여호와시니라"

> 잠언 19장 21절
> "사람의 마음에는 많은 계획이 있어도 오직 여호와의 뜻만이 완전히 서리라"

우리 사람들이 수많은 계획과 뜻을 세울지라도 그 걸음을 인도하시는 분은 오직 하나님이시고 하나님의 뜻만이 완전하게 설 수가 있는 것이다. 그러니 내가 계획하고 기도한 것이 이루어지지 않았다고 너무 낙심하고 실망할 이유가 없는 것이다. 그저 '나의 계획은 이러이러하여 기도합니다. 그러나 하나님의 뜻대로 하시옵소서' 하면서 기도하는 게 가장 마음이 편안할 것이다.

하나님의 절묘한 타이밍에 대해서 성경에 있는 사건과 인물들을 통하여서 크게 세 가지로 구분해서 알아보고자 한다.

첫째로 반드시 하나님의 뜻을 이루시는 하나님의 타이밍

구약성경 요나서는 "총 4장으로 되어 있으며 BC 612년 나훔 선지자의 예언대로 바벨론에 의하여 멸망된 죄악이 가득한 앗수르의 수도인 니느웨 도성에 하나님께서 자비와 긍휼을 베풀어 구원해 주시므로 이방인도 구원하심을 계시하시기 위하여 이 예언서를 기록한 것이다."

하나님은 선지자 요나에게 죄악이 가득한 니느웨성으로 가서 말씀을 선포하고 전하라고 하지만 요나의 생각으로는 그곳은 이방인이요 죄악이 가득한 곳이므로 그곳으로 가지 않고 다시스로 가기를 고집하였다. 그래서 다시스로 가는 배를 타고 가다가 큰 풍랑을 만나고 그 배에서 요나는 물위로 던져졌다.

요나서 1장 17절
"여호와께서 이미 큰 물고기를 예비하사 요나를 삼키게 하셨으므로
요나가 밤낮 삼 일을 물고기 배 속에 있으니라"

요나서 1장 17절과 같이 하나님의 절묘한 타이밍에 의해서 큰 물고기를 준비하여서 요나를 삼키게 하시고 삼 일 동안 물고기 배 속에서 요나가 다시 회개하고 기도할 때에 하나님은 물고기의 배 속에 있던 요나를 니느웨성의 바닷가 해변에 요나를 토해 내게 하셨다. 그리고 그 니느웨성에서 하나님의 말씀을 선포하게 하였다.

요나서 2장 1-9절에 요나가 물고기 배 속에서 하나님께 철저하게 회개하는 기도를 하였다.

"여호와께서 그 물고기에게 말씀하시매 요나를 육지에 토하니라"

하나님은 한번 사명자로 부르시면 끝까지 그를 지키시는 분이셨다. 하나님은 물고기를 준비하시어 요나를 삼키게 하는 하나님의 절묘한 타이밍을 우리는 볼 수가 있다.

그리고 물고기 배 속에서 철저하게 회개하는 요나를 니느웨성의 바닷가에 다시 요나를 토해 내게 하시고는 하나님의 뜻을 관찰시키시는 모습을 볼 수가 있다.

이와 같이 때로는 우리가 살아가면서 하나님의 뜻과 무관하게 나의 계획과 나의 뜻을 세워 놓고는 내가 하고 싶은 대로 하면서 하나님께 기도한 적은 없는가?

하나님의 뜻을 무시하고 나의 계획대로 아무리 기도하여도 그것은 이루어지지 않는 것이다. 오직 하나님의 뜻과 계획을 잘 찾아서 하나님의 뜻에 합당한 계획을 세우고 기도를 하는 삶을 살아가야 하겠다.

둘째로 장기적인 관점에서의 하나님의 절묘한 타이밍

살아가면서 먼 미래에 대한 두려움과 걱정하는 때를 누구나 한 번씩 겪어 보았을 것이다. 장래에 대한 이런저런 구상을 하고 또 계획을 세워 보고 미래를 설계해 보겠다고 머리를 싸매고 고민해 보신 적도 있을 것이다. 아무리 계획을 잘 세워도 결국에는 하나님의 뜻과 타이밍에 맞지 않으면 그 계획도 의미가 없어지는 것이다.

성경 창세기에는 먼 훗날에 대한 하나님의 계획이 이스라엘 백성 야곱의 가족을 구원하기 위한 내용이 창세기 37장부터 50장까지 아주 상세한 내용들이 있음을 볼 수가 있다. 그것은 요셉의 나이 17세 때부터 110세 죽을 때까지 요셉과 그에 대한 이야기들이 많이 기록되어 있음을 볼 수가 있다.

요셉은 야곱이 사랑하는 아내 라헬이 낳은 야곱의 12 아들 중 11번째 아들이다.

요셉이 형제들의 미움을 받게 된 가장 큰 이유는 요셉의 꿈 이야기 때문인 것 같다. 요셉은 자신이 꾼 꿈을 숨김없이 부모 형제에게 다 말했다.

> 창세기 37장 5-11절
> "우리가 밭에서 곡식 단을 묶더니 내 단은 일어서고 당신들의 단은 내 단을 둘러서서 절하더이다 그의 형들이 그에게 이르되 네가 참으로 우리의 왕이 되겠느냐 참으로 우리를 다스리게 되겠느냐 하고 그의 꿈과 그의 말로 말미암아 그를 더욱 미워하더니 요셉이 다시 꿈을 꾸고 그의 형들에게 말하여 이르되 내가 또 꿈을 꾼즉 해와 달과 열한 별이 내게 절하더이다 하니라"

그런데 하나님은 야곱의 가족 70명을 7년간의 흉년으로 굶어 죽을 상황에서 구하기 위해서 요셉의 나이 17세 때부터 애굽으로 팔려 가서 종이 되게 하였음을 볼 수가 있다.

요셉은 보디발의 집에서 13년간 종살이를 하다가 보디발 아내의 유혹으로 잘 견뎌 내었지만 결국에는 감옥으로 가게 되었다. 하지만 하나님의 절묘한 타이밍으로 요셉이 감옥에서 만난 술 맡은 관원장의 추천으로 애굽 왕 바로의 꿈 해석을 정확하게 하게 된다. 앞으로 7년간 엄청난 풍년이 들 것과, 7년이 지난 후 지독한 흉년이 들 꿈이었다. 그러나 애굽의 어떤 술객도 박사도 그 꿈을 해몽할 수 없었는데 요셉은 정확하게 바로 왕의 그 꿈을 해석하게 되었다.

"하나님께서 함께하시고 하나님께서 주신 능력을 가진 사람을 우리가 어찌 얻을 수 있으리요"라고 하면서 바로 왕은 겨우 서른의 나이에 요셉을 당시 세계 최강국의 하나였던 애굽 전체를 다스리는 총리의 자리에 오르게 하였다. 그리하여, 7년 풍년 기간 동안 잘 준비하여, 7년 대기근 때 애굽을 살려냈다.

그리고 요셉의 아버지와 그 형제들의 가족 전체 70명을 그 가뭄 가운데 먹을 양식이 없을 때에 이집트로 불러들여서 그들의 생명을 구원하게 하였다.

창세기 50장 20절
"당신들은 나를 해하려 하였으나 하나님은 그것을 선으로 바꾸사 오늘과 같이 많은 백성의 생명을 구원하게 하시려 하셨나니"

요셉의 이야기를 보면은 하나님께서는 야곱의 자녀 열둘과 그 가족들을 큰 가뭄에서 구원하기 위해서 요셉을 애굽으로 미리 보내어서 감옥에서도 술 맡은 관원장을 만나게 해 주시어 결국에는 바로를 만나고 그 꿈을 해석하게 하여서 애굽의 총리가 되었다. 그리고 요셉의 아버지와 그 형제 온 가족들을 그 가뭄에서 구원하게 하였다. 이것이 곧 장기적인 관점에서 하나님의 섭리와 계획이 함께한 하나님의 절묘한 타이밍이라고 볼 수 있다.

아무리 하나님께서 귀한 계획을 가지고 계셔도 요셉이 올바르게 생활하지 않고 하나님 말씀 가운데 행동이 올바르지 않았다면 과연 가능했을까?

하나님은 항상 우리들의 장기적인 관점에서의 계획을 가지고 계신다. 하지만 우리가 살아가면서 하나님의 계획과 무관하게 나의 계획, 나의 뜻대로 너무 하려고 계획을 세우고 기도한다면 그것은 하나님의 계획과 무관한 것이므로 이루어지기 어렵게 된다. 우리들의 삶이 하나님의 계획과 하나님의 뜻에 합당한 삶을 살아갈 수 있어야 하겠다. 그래서 장기적인 관점에서 늘 하나님의 절묘한 타이밍의 감동을 느끼며 살아갈 수 있는 자들이 되어야 하겠다.

셋째로 하나님의 영광을 드러내고 전도를 하기 위한 하나님의 타이밍

요한복음 11장에는 죽은 나사로가 부활하는 내용이 상세하게 기록되어 있다.

요한복음 11장 1-4절

"어떤 병든 자가 있으니 이는 마리아와 그 형제 마르다의 촌 베다니에 사는 나사로라 이 마리아는 향유를 주께 붓고 머리털로 주의 발을 씻기던 자요 병든 나사로는 그의 오라비러라 이에 그 누이들이 예수께 사람을 보내어 가로되 주여 보시옵소서 사랑하시는 자가 병들었나이다 하니 예수께서 들으시고 가라사대 이 병은 죽을 병이 아니라 하나님의 영광을 위함이요 하나님의 아들로 이를 인하여 영광을 얻게 하려 함이라 하시더라"

예수님은 마라아의 오빠인 나사로가 병들어 죽게 된 것을 아시지만 계시던 곳에 이틀이나 더 유하시다가 가셨다고 한다. 죽을 병에 걸린 이야기를 들었지만 예수님은 이 말을 들으시고 "이 병은 죽을 병이 아니라 하나님의 영광을 위한 것이며 이것을 통해서 하나님의 아들이 영광을 받게 하려는 것이다" 하고 말씀하셨다.

하나님의 영광을 위해서 그리고 그 모습들을 보고 믿는 사람들이 더 나오게 하시려고 이틀이나 더 지체하셨던 것이다.

우리가 생각할 때에는 예수님께서 나사로를 사랑하시므로 아프다는 이야기를 들으시고는 즉시 가시든지 아니면 멀리 있어도 기도로 병을 깨끗하게 나음을 받게도 할 수 있는 능력이 있지만 그렇게 하지 않고 하나님의 영광을 드러내시기 위해서 그리고 죽었던 나사로의 살아남을 보고 그것을 본 많은 유대인이 믿게 하기 위해서 하나님의 타이밍에 맞추어서 예수님께서 죽었던 나사로를 살려 내는 것을 볼 수가 있다.

이와 같이 하나님의 타이밍은 우리 사람들의 생각과 뜻과는 다르게 항상 하나님의 영광을 위한 것에 하나님의 뜻에 합당한 것에 항상 포커스가 맞추어져 있는 절묘한 하나님의 타이밍을 우리는 인정하고 살아가야 하겠다.

나의 어머니는 96세에 돌아가셨다. 그러나 병원이나 요양병원에서 오래 계시지 않고 많이 아프시지 않은 상태로 천국으로 가시었다. 나는 미국에 있고 어머니는 한국에 계시었지만 작은아들이 미국에서 한국에 방문하는 2주 동안에 그것도 방문 기간 딱 중간에 아들이 왔음을 몇 번이나 확인하시고는 편안하게 눈을 감으시고 천국으로 가시었다.

나는 어머니를 위해서 늘 기도했다. 많이 아프시지 않고 너무 힘들지 않게 천국으로 가시게 해 달라고 그리고 가능한 내가 한국에 방문하는 동안 어머니를 뵙고 천국 가시게 해 달라고 늘 기도했다.

하나님은 어머니에 대한 나의 모든 기도를 다 들어주시고 또 더욱 넘치게 은혜스러운 장례식을 잘 마칠 수 있게 인도해 주셨다. 세밀하시고 섬세하시고 세상의 모든 일에 섭리하시고 계신 하나님께서 나의 모든 일에도 섭리하심을 절실하게 느끼고 깨달을 수 있었다.

나의 어머니의 장례식을 모두 마친 후에 예수님을 믿지 않던 처갓집 숙모님을 찾아뵙고 어머님이 천국 나라 가신 과정을 다 이야기를 해 드리고 함께 교회 가자고 했더니 그동안 아무리 이야기해도 안 가시던 분이 즉석에서 이번주에 교회 가겠다고 하시어 함께 가게 되었다. 그리고 지금까지 매주 교회 잘 다니시는 신자가 되시었다. 하나님께서 나의 어머니에 대한 기도를 잘 들어주시어 하나님의 절묘한 타이밍에 맞추어서 한사람을 전도하게 하는 하나님의 역사하심을 깨닫게 되었다.

하나님은 항상 우리들의 모든 일에 섭리하시고 간섭하시고 계신다.

그런데 우리는 하나님의 섭리를 무시하고 성경에 있는 하나님의 말씀을 뒤로하고 내 생각과 내 뜻대로 계획을 세워놓고 간절하게 기도하고는 응답이 안 된다고 낙심하였다면 지금부터라도 하나님의 계획과 뜻을 먼저 생각하고 하나님의 말씀을 먼저 생각하고 살아가는 우리들이 되어야 하겠다. 그래서 하나님의 절묘한 타이밍을 늘 체험하는 우리들의 삶들이 되기를 소망해 본다.

6. 하나님을 향한 거룩한 목마름

나는 초등학교때부터 대학 때까지 축구하는 것을 무척 좋아했었다. 초등학교 때는 학교대항 축구를 하면 학교 대표로도 나가고 중학교에서 대학교 때는 시골 마을에 마을 대항 축구를 하면 항상 마을 대표로 축구를 하였다. 지금으로부터 40-50년 전 이야기이지만 나로서는 늘 축구할 때가 즐거웠고 재미있었던 기억이 난다. 그런데 축구 시합이나 연습을 할 때에 무척 땀이 많이 나고 더워서 목이 말라서 갈증을 많이 느꼈다. 그 당시에 물을 마셔도 계속 갈증이 나서 물로 배를 채운 때도 있었던 기억이 난다.

산을 오르거나 어떤 운동을 하더라도 땀이 많이 나면 목이 마르고 갈증이 나면 계속 물을 마실 수밖에 없는 것 같다. 우리의 육신에 목마름과 갈증이 오면 물을 마시면 잠시 해결된다. 그러나 조금 후면 또다시 갈증이 오고 반복적으로 물을 마시면서 살아가고 있다.

사람 몸의 약 70%가 물로 형성되어 있기 때문에 매일 물을 자기 몸무게에 비례해서 약 1.5리터에서 2.5리터 정도를 마셔 주어야 건강하게 살아갈 수가 있다. 우리의 육체의 목마름과 갈증을 해소하기 위해서는 물을 매일 마셔 주면 어느 정도 해결됨을 볼 수가 있다.

그런데 우리의 영혼에 목마름과 갈증이 생기면 우리는 어떻게 해야할까?

살아가면서 영혼의 갈증을 가져 본 적은 없었는가? 아니 바로 지금이 시간에도 영혼의 갈증을 느껴서 영혼의 목마름으로 힘들어하거나 마음이 공허함을 느끼고 있는가? 사람들은 물질적으로 풍요롭고 시간이 많이 나면 영적으로 타락하기가 쉽다는 것을 우리 주변에서 많이 볼 수가 있다. 자신이 물질적으로 어려움이 없고 건강하고 시간이 많이 나는 자유함을 가졌다고 생각할 때에 그 마음에 영적 타락이 시작될 가능성이 훨씬 크다는 사실을 알아야 하겠다.

물질이 적든 많든, 건강하든 건강하지 않든, 자유를 누리는 시간이 많든 적든, 누구에게나 찾아올 수 있는 영적 갈증을 어떻게 해결할 수가 있을까? 육체적 갈증은 물을 마시면 해결이 잠시 되지만 영적 갈증은 그럼 어떻게 해야만이 그 갈증을 해소하고 영적 풍요로움을 느끼며 살아갈 수가 있을지를 성경 말씀 잠언 8장 17절, "나를 사랑하는 자들이 사랑을 입으며 나를 간절히 찾는 자가 나를 만날 것이라"를 통하여서 알아보고자 한다.

영적 갈증을 해결하기 위해서는 하나님을 향한 거룩한 목마름이 있어야 하겠다. 목마름이 있어야 물을 마시듯이 영적으로는 하나님을 향한 거룩한 목마름이 있을 때에 그 목마름을 해결하기 위한 우리의 마음과 생각과 행동의 변화가 뒤따르게 될 것이다. 그럴 때에 영적 갈증이 해소되어 갈 것이다.

결핍된 사랑과 감사한 마음을 회복해야 하겠다

나는 가끔 마음에 감사하는 마음이 없고 뭔가 누군가에게 불만이 마음에 자리 잡고 있을 때는 나는 왠지 모르게 불안한 마음이 들게 되는 것을 느낀다. 그리고 가족이나 교회에서 성도들 간이나 친구들과의 관계에서도 누구에게 불만이 있고 그 사람과 관계가 좋지 않을 때는 삶이 기쁨이 없고 마음이 공허함을 느끼게 된다. 살아가면서 대체로 누구나 몇 번씩 경험해 보는 현상이란 생각을 해 본다.

이럴 때 편안한 마음을 가지고 싶을 때, 나는 먼저 그 사람과의 관계 회복에 노력을 한다. 먼저 그 사람의 장점들을 보려고 노력하고 그 사람을 위해서 이해해 주고 사랑하는 마음을 달라고 기도를 한다. 그렇게 하고 나면 마음이 좀 편안해짐을 느낀다.

얼마전에 있었던 일인데 나와 가까이 지내던 분과 점심을 가끔 함께 하는데 세 번 정도 점심을 같이 먹자고 했지만 식당에서 밥 먹는 게 어렵다고 거절을 당했다. 물론 이유는 건강상의 문제라고 하였다.

하지만 한 달 동안 세 번이나 거절을 당하고 나니 나의 마음이 편하지 않았다. 그래서 더 이상 점심 약속을 안 하고 싶은 마음이 들 정도로 마음이 불편했다.

한참을 그렇게 지내다가 나는 생각을 바꾸었다. 그분의 입장을 이해하도록 노력을 하기 시작했다. 배가 안 좋아서 식사를 밖에서 못 하고 죽만 먹고 있는 분에게 식사 거절당했다고 내가 서운해할 것이 아니라 그분의 건강을 위해서 기도하기 시작했다. 그리고 한 달 후에 다시 점심 같이 먹자고 했더니 이제 가능하여서 함께 식사를 하게 되었다. 그러고 나니 한결 마음이 편하고 감사한 마음이 생기게 되었다. 사람들과의 관계에서 결핍된 사랑하는 마음과 감사하는 마음을 회복하기 위해서는 그 사람의 입장을 이해해 주고 먼저 다가가는 것이었다.

그런데 영적으로는 어떻게 하면 좋아질까?

오늘 말씀 잠언 8장 17절에 "나를 사랑하는 자들이 사랑을 입으며"라고 기록되어 있다. 그런데 우리는 하나님을 사랑하는 마음과 하나님께 감사하는 마음이 없이 하루하루 살아가고는 있지 않은지를 한번 생각해 볼 필요가 있다.

나의 일상적인 삶 속에서 하나님을 사랑하는 마음과 감사하는 마음이 없이 그냥 앞만 보고 달려가고 있지는 않은지?

하나님은 분명하게 말씀하신다. 하나님을 사랑하는 자들이 하나님의 사랑을 입는다고 하신다. 자신이 하나님을 사랑하지도 감사하지도 않으면서 영혼의 건강을 바란다면 참으로 이치에 어긋나는 일일 것이다. 자신이 얼마나 하나님을 사랑하는 마음과 하나님께 감사하는 마음이 결핍된 상태인지를 한번 되돌아보면 좋겠다.

우리는 날마다 새로운 날을 주심에 감사하고 날마다 건강하게 하루하루를 살아갈 수 있음에 감사하여야 하겠다. 그리고 날마다 하나님을 사랑한다는 고백과 함께 진심 어린 마음으로 하나님을 사모하고 경배하며 경외하는 자가 될 때에 우리의 영혼은 더욱 건강해질 수가 있는 것이다. 지금부터 매일 하나님을 진정으로 사랑합니다란 고백을 해 보면 좋겠다. 그리고 매일의 삶에 날마다 하나님께 '감사합니다'라는 고백과 함께하는 삶을 살아갈 수 있는 자가 되기를 소망해 본다.

하나님과의 진정한 만남을 회복해야 하겠다

나도 가끔은 하나님과의 진정한 대화가 되지 않고 마음이 불안하고 공허한 마음을 느낄 때가 있었다. 그럴 때는 대체로 나의 생활이 별 탈 없이 평온한 생활일 때였다. 마음에 하나님을 찾는 간절하고 절박한 마음이 없이 그저 일상적일 때 그런 현상이 일어나는 것을 알 수도 있는 것이다. 하나님과의 진정한 만남을 회복하기 위해서는 하나님을 향한 거룩한 목마름이 필요함이 있어야 함을 우리는 알아야 하겠다. 간절하게 하나님을 찾으며 진실되고 갈급한 심정으로 하나님께 절박한 기도를 할 때에 하나님을 만날 수가 있는 것이다.

류응렬 목사님이 지은 책《사람마다 향기다》의 내용 중에 이런 글이 있다.

> "목마릅니까? 세상을 향한 갈증이라면 거짓된 만족에 잠깐은 기뻐할 수가 있겠지만, 결국은 평생 목마름으로 고통당하다 인생을 끝낼 것입니다. 그러나 그 갈증이 주님을 향한 것이라면 인생의 여정이 고난으로 거칠더라도 점점 더 주님을 닮아 가게 될 것입니다."

참으로 와닿는 글이다. 우리는 살아가면서 하나님을 향한 거룩한 목마름을 가지고 좀 더 절박한 심정으로 하나님께 기도하는 마음이 필요로 하다.

시편 42편 1절

"하나님이여 사슴이 시냇물을 찾기에 갈급함 같이 내 영혼이 주를 찾
기에 갈급하니이다 내 영혼이 하나님 곧 살아 계시는 하나님을 갈망
하나니 내가 어느 때에 나아가서 하나님의 얼굴을 뵈올까"

이 말씀과 같이 우리는 사슴이 목이 마르고 갈증을 느껴서 시냇물을
갈급하게 찾는 그런 심정으로 우리의 영혼의 갈급함을 해결하기 위해
서는 절박한 심정으로 하나님을 찾는 기도를 하여야 하겠다. 그럴 때
에 하나님은 우리의 심령을 만져 주시고 위로해 주실 것으로 본다.

하나님을 만나기 위해서는 하나님을 향한 거룩한 목마름으로 예배
의 자리로 나아가야 하겠다. 왜냐하면 하나님께 영광 돌리고 하나님이
가장 기뻐하시는 일 중 하나가 예배를 드리는 것이다.

예배를 드릴 때는 찬양과 말씀과 기도로 함께 예배를 드리므로 가끔
은 찬양을 통하여서 하나님을 만나므로 눈물을 글썽이면서 하나님을
만날 수도 있다. 또 말씀을 통하여서 깨달음이 오므로 은혜의 시간이
되어서 하나님을 만날 수가 있다.

예배는 또 우리들의 목마름을 채워 주는 생수와 같은 것이다. 그러
니 예배 참석의 중요성을 꼭 깨닫고 세상적인 그 어떤 것보다도 주일
날은 교회에서 주일 예배드리는 것을 최우선적인 삶을 살아갈 때에 우
리의 영혼의 갈증을 조금씩 해소해 나갈 수 있는 것이다.

우리들의 삶에 늘 하나님을 만나는 삶으로 하나님과 함께하는 삶으
로 하나님을 향한 거룩한 목마름으로 우리의 영혼이 메마르지 않고 하

나님의 사랑과 은혜가 풍성한 삶을 날마다 살아가는 우리들이 되기를 간절하게 소망해 본다.

하나님의 임재를 경험하고 체험하는 삶을 살아가야 하겠다

교회를 다니고 주일 성수를 잘한다고 하지만 하나님의 임재하심을 못 느끼고 하나님의 임재하심을 체험하지 못하는 신앙 생활은 참으로 안타깝다는 생각을 해 본다. 왜냐하면 하나님의 임재하심을 느끼고 하나님의 임재하심을 체험할 때에 은혜가 더욱 충만하게 되고 새 힘을 얻어서 인생이 새로워질 수가 있다. 즉 인생이 바뀔 수가 있는 것이다. 세상의 모든 일들이 일어나는 것들은 하나님의 섭리와 하나님의 임재하심이 있다고 보면 된다. 가끔 기독교인이라 할지라도 사람들이 하나님은 나의 가까이 계시지 않고 멀리 계시다고 생각하는 경향이 있다. 그렇지 않다. 하나님은 임마누엘의 하나님으로서 늘 우리와 함께 계신다. 세상의 어디든 하나님은 그곳에 계신다.

간절하게 기도할 때에 성령의 역사하심으로 하나님의 임재하심을 우리는 경험할 수 있다. 뭔가를 위해서 간절하게 기도할 때에 하나님의 임재하심과 하나님의 임재하심을 체험하는 삶을 살아갈 수가 있는 것이다.

에레미야 33장 3절

"너는 내게 부르짖으라 내가 네게 응답하겠고 네가 알지 못하는 크고
비밀한 일을 네게 보이리라"

　우리는 하나님께 예수님의 이름으로 간절하게 부르짖으며 간구할
때에 하나님의 크고 비밀한 일을 우리들에게 보여 주신다고 약속하셨
다. 하나님을 향한 거룩한 목마름으로 간절한 마음으로 하나님께 간구
하는 기도를 하면 성령님을 통하여 하나님의 임재하심을 느끼게 되고
하나님의 임재하심을 체험하는 일들이 일어나게 될 것이다.

　나는 1999년 2월 초에 미국 텍사스에 처음 발을 딛게 되었다. 비행기
에서 내려다보니 산도 없고 평지인 축복 된 땅으로 느껴졌다. 일 년 동안
가족없이 혼자 내가 다니던 회사에서 파견되어서 출장으로 와 있었다.

　그때 나는 아내와 세 자녀들에게 기도 요청을 하였다. 하나님께 간
절하게 기도하여 우리 가족 모두 이곳 미국 텍사스 땅으로 올 수 있
게 해 달라고 온 가족이 함께 날마다 기도를 하였다. 그리고 1년 후에
2000년 2월 15일 드디어 온 가족이 미국 텍사스 남부로 와서 지금까지
같은 도시인 미션시티에서 24년째 살고 있다. 그리고 나는 살아가는
동안 하나님의 임재하심과 하나님의 임재하심을 체험하는 일들을 수
없이 많이 느끼면서 살아가고 있음을 고백할 수가 있다.

　하나님을 향한 거룩한 목마름을 가지고 하나님의 임재하심을 인정
하고 하나님의 임재하심을 체험하는 신앙 생활로 역동적이고 긍정적
인 삶을 살아감으로 하나님의 사랑과 은혜와 축복을 더욱 풍성하게 누
릴 수 있는 우리들이 되기를 간절하게 소망해 본다.

3부

마음에
평안과 기쁨이
있는 삶

1. 너희 안에 이 마음을 품으라

살아가면서 어릴 때부터 '너는 누구를 많이 닮았니?'라는 질문을 많이 받아 왔고 또 지금도 손주들에게 똑같은 그런 질문들을 하기도 한다. 그런 질문을 받은 아이들은 엄마 또는 아빠를 닮았다고 대답을 하는 모습을 보고는 귀엽다고 안아 주고 또 뽀뽀도 해 주면서 그 아이가 그렇게 건강하게 잘 자랐으면 하는 마음을 가지고 기도를 하면서 살아가고 있는 우리들의 모습인 것 같다.

아이들은 자신을 낳아 준 엄마 아빠를 닮고 또 형제자매가 닮는 게 당연하지만 똑같은 질문을 여러 번 해 볼 때가 있다. 왜냐하면 그 아이의 입에서 자신을 닮았다는 소리를 듣고 싶어서 그렇게 하기도 한다.

어릴 때 중학교 교과서에서 《큰 바위의 얼굴》에 대해서 배운 기억이 있다. 주인공인 어니스트가 어머니의 영향으로 어린 시절부터 큰 바위 얼굴을 닮은 사람을 동경하는 이야기이다. 이 소설에서 미국의 뉴햄프셔에 위치한 자연적으로 사람의 얼굴을 닮은 큰 바위를 대상으로 만들어진 작품이다. 이와 같이 우리는 어릴 때부터 누군가를 닮고 싶은 사람을 늘 마음속에 동경하며 살아온 사람들이 많이 있을 것이다.

우리는 살아가면서 누구를 가장 닮고 싶은 마음이 들까? 부모님 아니면 세상에서 유명한 누군가를 닮고 싶은 마음일까? 세상에서 누군가 그분을 닮고 싶다든지 아니면 그분을 나의 멘토로 하고 싶다든지 하는 마음이 들 수도 있을 것이다.

성경에 나오는 인물들 중에 노아, 아브라함, 이삭, 야곱, 사도 바울 등 여러 사람들 중에 닮고 싶은 인물이 사람들마다 조금씩 다를 것으로 본다. 그러나 크리스천이라면 누구나 꼭 닮고 싶은 분이 있을 것이다.

예수님은 성부 성자 성령의 삼위일체의 한 위격이신 성자이시며 한 하나님이시지만 사람의 몸으로 이 땅에 오시었다. 바로 그 예수님을 닮고 싶은 마음이 우리들 마음속에 있을 것이다.

그러면 예수님의 무엇을 닮고 싶을까?

빌립보서 2장 5절에는 "그리스도 예수의 마음을 품으라"고 우리들에게 말씀하고 있다. 어떤 마음을 본받고 닮아 가야 할지 살펴보면 크게 세 가지로 구분해서 그분의 마음을 품으란 내용으로 볼 수가 있다.

하나님이신 예수님이 종의 형체를 가지시고 자기를 낮추신 겸손하심을 본받아야 하겠다

빌립보서 2장 6-8절

"그는 근본 하나님의 본체시나 하나님과 동등됨을 취할 것으로 여기지 아니하시고 오히려 자기를 비워 종의 형체를 가지사 사람들과 같

이 되셨고 사람의 모양으로 나타나사 자기를 낮추시고 죽기까지 복
종하셨으니"

예수님은 하나님과 동등 위격인 한 하나님이시지만 동등됨을 취하
지 아니하시고 예수님 자신의 마음을 비워서 종의 형체를 가지시고 신
이신 예수님이 사람들과 같이 되셨다고 한다. 세상에서 임금님이나 왕
이 자신의 신분을 바꾸어서 갑자기 종이 되었다고 할 때에 우리는 상식
적으로 도무지 이해가 잘 안될 것이다. '자기를 낮추시고'라는 말은 자
신의 위치에서 자신의 자리에서 스스로 낮추었다는 이야기는 세상에서
일반적인 상식으로는 이해가 어려운 일이라고 볼 수가 있는 것이다.

우리는 여기서 예수님의 생각과 행동을 한번 눈여겨볼 필요가 있다.
무소부재하시고 무한한 능력을 가지신 하나님이신 예수님이 사람의
몸으로 이 세상에 오시었고 그리고 자신을 낮추시는 모습을 볼 수가
있다.

우리 사람들은 대부분 자신을 낮추기보다는 자신을 높여 주고 인정
해 주는 사람을 좋아하고 또 스스로 높아지고 싶은 마음을 가지는 것
이 보편적인 삶이다.

빌립보서 2장 3절
"아무 일에든지 다툼이나 허영으로 하지 말고 오직 겸손한 마음으로
각각 자기보다 남을 낫게 여기고"

언쟁이나 싸움은 항상 자신의 생각과 행동이 옳고 다른 사람의 것은 잘못되었다고 생각하는 것 때문에 일어난다. 그러나 남을 나보다 낫게 여기는 마음이 나의 속마음에 자리잡고 있다면 싸움도 언쟁도 사라질 것이다. 교회나 어떤 단체뿐만 아니라 가정에서도 부부간의 언쟁이나 싸움도 마찬가지인 것이다.

겸손의 첫째는 남을 나보다 낫게 여기는 마음을 품는 것이다. 그것이 곧 예수님의 마음인 것이다. 앞으로 살아가면서 또 믿음 생활을 하면서 항상 남을 나보다 낫게 여기는 이 예수님의 마음을 본받는 자가 되어서 예수님의 향기가 나의 몸과 마음에서 우러나와서 진정으로 내 이웃을 내 몸과 같이 사랑하는 삶을 살아갈 수 있는 자들이 되기를 소망해 본다.

우리 인간의 죄를 대신해서 십자가에서 죽으신 예수님의 희생정신을 본받아야 하겠다

희생정신이란 단어를 들으면 제일 먼저 머릿속에 떠오르는 분이 누구일까?

나는 어릴 때부터 나의 손을 꼭 잡고 매 주일날 교회로 인도해 주시고 나에게 믿음 생활을 잘할 수 있게 잘 인도해 주신 나의 어머니가 떠오른다. 농촌에서 농사를 짓는 가정이었지만 주일이면 모든 일손을 놓고 주일을 지키고 예배를 드리는 것을 최우선으로 해야 함을 가르쳐 주신 어머니, 96세에 돌아가시기 전까지 미국과 한국 거리에서도 매번 전화 드리면 항상 먼저 물으시는 질문은 "주일날 교회는 잘 갔다 왔니?"라고 물어 주시는 나의 어머니가 떠오른다.

어머니가 나에게 물려주신 예수님의 십자가의 사랑이 나의 마음에 자리잡고 있을 때가 가장 행복한 마음임을 나는 고백하고 싶다.

그 예수님의 십자가의 희생과 사랑을 함께 나누고 싶다. 예수님의 십자가의 희생이 없었다면 오늘날 기독교가 존재하지 않았을 것이다. 예수님 한 분의 십자가의 죽으심으로 온 백성이 그분을 믿고 그분을 본받고 싶어하고 따르게 된 것이다.

성경 말씀 요한복음 12장 24절에 예수님은 말씀하신다.

"내가 진실로 진실로 너희에게 이르노니 한 알의 밀이 땅에 떨어져
죽지 아니하면 한 알 그대로 있고 죽으면 많은 열매를 맺느니라"

한 알의 밀알이 땅에 떨어져서 썩어서 죽으면 썩어서 새싹이 나고 자라서 많은 열매를 맺을 수가 있다. 그러나 한 알의 밀알이 그대로 있다면 계속 한 알에 불과하다.

예수님은 자신의 십자가의 죽으심을 미리 아시고 이렇게 예를 들어 말씀하신 것이다. 예수님의 십자가의 죽으심은 이미 구약전서 이사야 53장 5절에 예언이 되어 있었다.

"그가 찔림은 우리의 허물 때문이요 그가 상함은 우리의 죄악 때문이
라 그가 징계를 받으므로 우리는 평화를 누리고 그가 채찍에 맞으므

로 우리는 나음을 받았도다"

이렇게 찔리고 상하고 징계를 받으시고 채찍에 맞으실 것을 다 알고 계신 예수님은 바로 우리들의 죄를 대신하시기 위해서 한 알의 밀알이 되어 십자가에서 죽으셨다.

예수님의 십자가의 죽으심은 우리들의 인생을 바꾸어 놓았다. 절망에서 희망으로, 불행에서 행복한 마음으로 시기와 질투하는 마음에서 감사한 마음으로 죽음에서 영원한 생명으로, 지옥에서 천국으로 인도해 주시었다. 바로 예수님의 희생의 결과로 우리들이 누리는 특권이 되었다.

우리는 예수님의 십자가의 희생을 본받는 삶을 살아야 하겠다. 이 세상에 살아가면서 뭔가 하나의 밀알이 되어서 세상을 좀 더 밝히고 빛을 비추는 삶을 살아가도록 노력해야 하겠다.

세상에는 가난하고 굶주리고 배고파 하는 자들이 너무나 많이 있다. 예수님은 그들에게 복음을 전하라고 하셨다. 복음을 전하면서 그들에게 다가가서 한 알의 밀알이 되어서 썩어 죽으므로 삼십 배, 육십 배, 백 배의 열매를 맺으라고 지금도 예수님의 십자가 희생은 우리들에게 말해 주고 있는 것이다.

우리들의 삶이 늘 예수님의 십자가의 희생정신을 본받는 삶이 되기를 소망해 본다.

모든 영광을 하나님께 돌리신 예수님의 마음을 본받아야 하겠다

빌립보서 2장 9-11절
"이러므로 하나님이 그를 지극히 높여 모든 이름 위에 뛰어난 이름을
주사 하늘에 있는 자들과 땅에 있는 자들과 땅 아래에 있는 자들로
모든 무릎을 예수의 이름에 꿇게 하시고 모든 입으로 예수 그리스도
를 주라 시인하여 하나님 아버지께 영광을 돌리게 하셨느니라"

예수님의 십자가의 죽으심으로 인하여 예수의 이름에 모두가 무릎
을 꿇게 하시고 예수 그리스도를 주로 시인하여 하나님 아버지께 영광
을 돌리게 하셨다.

영광이란 단어를 한번 살펴보면, 가끔 텔레비전에서 어떤 시상식을
할 때 크리스천 수상자들은 "이 모든 것 하나님께 영광 돌립니다."란
표현을 많이 하는 것을 보았다. 영광을 영어로는 Glory이며 구약에서
는 명예로운, 존경스러운 영광스러운 등으로 볼 수 있으며 신약에서는
명예, 광체, 능력이란 뜻으로 표현되어 있음을 볼 수가 있다. 그러니
사람들이 어떤 상을 받았을 때 그 모든 명예를 하나님께 드린다란 뜻
으로 볼 수도 있겠다.

예수님께서도 자신의 십자가의 죽으심과 부활로 인해서 예수님 자
신의 영광이 아니라 성부이신 하나님께 그 모든 영광을 돌리신다고 하
셨다. 이것이 곧 예수님의 마음이시다. 그러니 우리가 이 세상에서 살

아갈 목적도 하나님의 영광을 위한 삶이 되어야 할 것이다. 그리고 우리의 모든 기도 제목이 응답되었을 때도 그 결과를 하나님께 영광을 드려야 하겠다. 또 신앙 생활 하면서 하나님께 영광을 드높여 드리기 위해서는 예배와 찬양을 그리고 기도를 게을리하지 말아야 하겠다.

그 이유를 말해 주는 성경 말씀이 고린도전서 10장 31절에 있다.

"그런 즉 너희가 먹든지 마시든지 무엇을 하든지 다 하나님의 영광을 위하여 하라"

이 말씀을 보면 우리들이 살아가면서 하나님을 찬양하고 하나님께 예배드리는 삶을 살아가야 할 이유가 분명하게 있는 것이다. 그리고 어떤 행실로 우리가 하나님께 또 영광을 드릴 수 있을지를 잘 알려 주는 성경 말씀이 있다.

마태복음 5장 16절
"이같이 너희 빛이 사람 앞에 비치게 하여 그 들로 너희 착한 행실을 보고 하늘에 계신 너희 아버지께 영광을 돌리게 하라"

우리 믿는 사람들은 세상의 빛이 되어서 어두운 세상을 밝게 비추는 삶을 살아가므로 그 모습은 곧 하나님 아버지께 영광을 드높이는 삶이 되는 것이다.

나는 개인적으로 하나님께 영광이란 단어와 그 의미를 참으로 좋아하고 있다. 2005년도에 약 18년 5개월 동안 다니던 대기업을 스스로 그만두고 나의 개인 비즈니스를 시작할 때에 나는 사업체의 이름을 지으려고 가족회의를 했다. 그리고 자녀들의 친구들에게도 어느 이름이 좋겠냐고 물어보면서 설문조사도 해 보았다. 그런데 나는 이 사업체가 하나님께 영광 드리는 사업체가 되었으면 하는 마음이 꼭 들었다.

그래서 하나님께 영광을 영어로는 Glory to God 의미의 약자인 G2G 란 이름으로 가족회의를 통하여서 결정을 하였다. 그리고 10년 후인 2015년도에는 G2G 선교회 즉 G2G MISSION CENTER를 미국 비영리 제단에 등록하여서 현재까지 가족 중심 자비량의 해외 선교지 지원 활동을 하고 있다. 나의 자녀와 나의 손주들을 위한 기도를 할 때도 항상 하나님께 영광 드높이는 자손들이 되게 해 달라고 늘 그렇게 기도하고 있다.

결국 우리 믿는 사람들의 삶의 궁극적인 목적은 하나님께 영광을 드리는 삶을 살아가는 것이며 세상에 빛이 되어서 세상에 복음을 전하고 빛을 비추는 성도의 삶을 살아가는 것이라고 할 수 있겠다.

예수님의 겸손한 마음을 닮아서 남을 나보다 낮게 여기는 겸손한 삶을 살아가고 또 예수님의 십자가의 희생정신을 본받아서 많은 분들에게 복음을 전하면서 하나님의 영광을 드높이는 삶이 되어서 항상 즐겁고 기쁨이 넘치고 행복한 삶이 되었으면 참으로 좋겠다.

2. 너희 마음이 쉼을 얻으리니

나는 세상을 살아가면서 열심히 일을 하면서 살아왔고 또 그렇게 살아가고 있다. 사람이 아무리 강하고 체력이 좋은 사람일지라도 쉬지 않고 잠도 자지 않고 계속 일을 할 수는 없는 것이다. 육체적으로 많이 힘들면 샤워를 하고 식사를 하고 잠을 푹 자고 나면 회복되면서 다시 일을 할 힘과 에너지가 생기는 것이다. 그리고 평생 일만 할 수가 없으니 어느 정도 나이가 되면 일을 그만하고 쉬면서 육체적, 정신적 부담을 덜고 인생을 즐기는 분도 있을 것이다.

그런데 살아가면서 스트레스를 많이 받고 정신적으로 지쳐 있을 때는 어떻게 해야 할까? 물론 휴가를 간다거나 음악을 들으면서 조용하게 요가를 하고 명상을 한다거나 여러 가지 방법으로 안정을 찾는 방법들이 있다. 그러면 정신적으로 조금 안정되는 느낌을 받을 수가 있다.

그러면 우리의 마음과 영혼이 힘들고 지쳐 있을 때는 어떻게 하여야 마음에 평안을 얻고 마음과 영혼이 쉼을 얻을 수가 있을까? 마음의 병, 영혼의 상처 이러한 지침과 아픔은 그저 잠을 잔다고 또 일을 하지 않고 쉰다고 아니면 음악을 듣거나 명상을 한다고 쉽게 회복되지 않는 경우가 많다. 육체적 아픔과 정신적 아픔은 병원을 찾으면 의사가 진단을 하여서 그 아픔에 필요한 처방을 내려서 약을 먹거나 주사를 맞거나 하면 회복되어 간다.

그런데 마음과 영혼이 아프면 병원에 가도 소용이 없고 쉬어도 소용이 없고 잠을 청하여도 잠은 잘 오지 않고 힘들게 잠이 들면 또 악몽에 시달이는 현상이 오게 되어 있다.

이렇게 힘든 마음과 영혼이 지친 힘든 자들은 어떻게 치유하고 회복할 수가 있을까?

마태복음 11장 28-30절
"수고하고 무거운 짐 진 자들아 다 내 게로 오라 내가 너희를 쉬게 하리라 나는 마음이 온유하고 겸손하니 나의 멍에를 메고 내게 배우라 그리하면 너희 마음이 쉼을 얻으리니 이는 내 멍에는 쉽고 내 짐은 가벼움이라 하시니라"

예수님께서는 수고하고 무거운 짐진 자들을 쉬게 하리라고 말씀하신다 그리고 또 너희 마음이 쉼을 얻으리라고 말씀하시고 계신다. 마음과 영혼이 힘들고 지친 자들의 마음에 쉼을 주시겠다는 예수님의 말씀이 참으로 우리 힘든 영혼에 있는 자들에게 힘이 되는 말씀인 것으로 느껴진다.

그래서 우리들의 마음에 진정한 쉼을 얻어서 마음에 평안이 오고 영혼이 평안함을 얻기 위해서는 어떻게 해야 할지를 예수님께서 주신 말쏨을 통하여서 알아보고자 한다.

마음에 쉼을 얻기 위해서는
주님께로 가까이 나아가는 자가 되어야 하겠다

아기가 태어나서 마음이 평안함을 느낄 수 있을 때는 언제일까? 물론 아기는 잠을 많이 자기도 한다. 그러나 엄마의 품속에 즉 엄마와 가까이 있을 때가 가장 평안한 마음이 들 것이다. 점점 자라는 아이들도 자신의 시야에 엄마가 가까이 있으면 안심하고 잘 놀지만 엄마가 곁에 없으면 불안해하는 경향이 있다. 그리고 어린아이가 자라서 부모 곁을 떠나고 나면 사회생활을 하게 되고 결혼을 하게 되어서 가정을 이끌어가는 가장이 되거나 또 아기를 낳아서 엄마, 아빠가 되고 나면 세상의 많은 여러 가지 짐들이 자신에게 다가옴을 느끼면서 그 짐들을 짊어지고 세상을 살아가야만 하는 위치에 있게 되는 것이다.

그런데 세상은 늘 평탄치만은 않을 것이다.

때로는 물질적으로 어려움을 겪을 수도 있고 또 가족 중에 건강에 문제가 생겨서 병원을 자주 드나들어야 하는 일도 있을 수 있고 또 사회생활을 하면서 직장에서 오는 여러 가지 스트레스도 있을 수 있고, 자녀들이 사춘기에 접하면 그 일로 고민에 빠지는 경우도 있고, 부부의 갈등으로 여러 가지 어려움에 봉착하는 경우 등등 세상을 살아가는 사람들에게 염려와 걱정 없이 살아가는 사람을 참으로 찾아보기가 어려운 세상인 것이다.

예수님께서는 우리들에게 말씀하신다.

> 마태복음 11장 28절
> "수고하고 무거운 짐 진 자들아 다 내 게로 오라 내가 너희를 쉬게 하
> 리라"

하나님께서 보시기에 우리 사람들은 어린아이와 같다. 세상에서 힘들고 어렵게 살아가면서 지친 마음과 영혼에 쉼을 얻고 평안을 얻기 위해서 누군가에게 기대고 싶을 때가 있을 것이다. 그럴 때에는 주님께서 "다 내게로 오라 내가 너희를 쉬게 하리라"고 하신다.

사람은 아무리 강인하고 힘이 있다고 할지라도 사람의 마음과 영혼이 지치지 않고 평생 든든하게 살아가기가 쉽지 않은 것이다. 그게 바로 인생이다. 인생길에 지치고 힘들 때에 마음의 쉼과 평안을 얻기 위해서는 우리는 어느 누구보다도 우리에게 쉼을 주시겠다고 약속하신 예수님께로 가까이 나아가야 하겠다.

찬송가 중에 〈나의 영원하신 기업〉(435장)은 참으로 은혜가 되는 찬송이다. 주님께로 가까이 다가서는 것은 곧 주님과 동행한다는 의미인 것이다.
후렴에 "주께로 가까이 주께로 가오니 나의 갈길 다 가도록 나와 동

행하소서", 이 얼마나 은혜가 되는 가사인 것이다.

나의 갈 길 다 가도록 인생 길 다 마칠 때까지 나와 동행하소서. 즉 늘 주님께 가까이하는 삶을 살게 하소서란 외침인 것이다.

시편 73편 28절에 보면 "하나님께 가까이 함이 내게 복이라"라고 하였다. 지치고 힘든 세상에서 주님께 좀 더 가까이 다가가서 주님과 동행하는 삶이 되므로 하나님께서 주시는 마음과 영혼에 쉼을 얻어서 복된 삶이 되기를 소망해 본다.

마음에 쉼을 얻으려면 주님의 멍에를 메어야 하겠다

농촌에 농사를 지을 때에 요즘은 기계화되어서 경운기나 트랙터 등으로 일을 다 해 버리지만 내가 어릴 때만 해도 소를 앞장세워서 논과 밭을 갈았다. 그런데 그때 소의 어깨에 멍에를 메게 하고 그 멍에를 통하여서 소가 앞으로 나아갈 때에 소의 힘이 수레나 쟁기 같은 농기구에 전달되어서 땅을 파기도 하고 또 땅을 고르기도 하는 것을 볼 수가 있었다. 이때 멍에의 역할은 무엇일까? 소가 마음대로 다니지 않고 멍에를 메운 상태로 주인의 인도에 따라서 바르게 나아가는 것이다.

'멍에를 메다'란 의미는 "마음대로 행동할 수 없도록 얽메이다"란 뜻이다. 그런데 예수님께서는 "나의 멍에를 메어"라고 하신다. 즉 세상에서 온갖 힘든 일들로 지치고 낙심하고 있을 때에 예수님의 멍에를 메라는 것이다. 왜냐하면 예수님의 멍에는 나의 짐을 가볍게 해 주시고 나의 힘들고 지친 마음을 어루만져 주시는 주님께서 주시는 참된 평안을 주시기 때문이다.

예수님의 멍에를 메는 순간 내 마음대로 내 생각대로 행동하는 것이 아니라 주님의 마음과 주님의 뜻에 순종하는 삶을 살아가는 것이다. 그러므로 세상의 근심 걱정을 다 내려놓으므로 우리의 짐이 가벼워지는 것이다. 예수님께서 우리의 모든 짐을 대신 져 주시는 것이다.

찬송가 337장 〈내 모든 시험 무거운 짐을〉 가사를 보면 참으로 은혜가 된다.

"내 모든 시험 무거운 짐을 주 예수 앞에 아뢰이면
근심에 싸인 날 돌아보사
무거운 짐을 나 홀로 지고 견디다 못해 쓰러질 때
불쌍히 여겨 구원해 줄 이 은혜의 주님 오직 예수"

이 찬송을 따라 부를 때 얼마나 힘이 되고 내 마음과 영혼에 힘이 되는지. 나의 모든 무거운 짐이 예수님의 멍에를 내가 메는 순간 가벼워지고 홀가분해지는 것이다. 힘들고 지칠 때는 그냥 예수님을 찾아야 하겠다. 그리고 그분께 맡기면 예수님이 우리를 대신해서 모든 짐을 다 져 주신다는 이 말씀 꼭 기억하며 살아가야 하겠다.

베드로전서 5장 7절

"너희 염려를 다 주께 맡기라 이는 그가 너희를 돌보심이라"

그렇다. 우리의 모든 염려와 근심을 다 주님께 맡기고 주님의 멍에를 내가 메는 순간 주님께서 나의 염려 근심을 돌봐 주시어 나의 짐이 가벼워져서 나의 마음과 영혼에 평강이 찾아와서 잠도 잘 오고 편안해지는 것이다.

이 말씀 기억하고 우리가 살아가면서 내가 모든 것을 해결하려고 내가 모든 짐을 지고 가려고 하지 말고 나의 무거운 짐을 가볍게 해 주시고 쉽게 해결해 주시는 주님께 맡기고 예수님의 멍에를 메고 나의 생각과 나의 고집을 내려놓고 예수님의 생각과 뜻에 따라서 살아가는 우리들의 삶이 되어서 나의 마음과 영혼이 참으로 평안하게 쉼을 얻을 수 있기를 소망해 본다.

나의 마음에 쉼을 얻으려면 주님께 배워야 하겠다

초등학교에 입학하면 제일 먼저 글자를 어떻게 쓰고 어떻게 읽는지를 배우게 된다. 그런데 선생님이나 집에서 부모가 한글을 가르쳐 주지 않고 그냥 두면 아이들은 말은 할 줄 알아도 글을 쓸 수가 없고 읽을 줄을 모르는 것이다.

옛날 어르신들은 그런 경우가 많다. 말은 잘 하여도 못 쓰고 못 읽는 경우가 있다. 그것은 글을 쓰고 읽는 법을 배우지 못하셨기 때문이다.

그래서 지금은 연세가 많으신 어르신들이 글을 배우려고 하시고 때로는 학교에까지 등록하여서 배우기도 하신다.

그렇다. 우리는 배워야 글을 읽고 쓸 수가 있는 것이다. 꼭 한글만이 아니다 외국어를 읽고 쓰고 말하려면 반드시 배워야 그 나라의 글을 이해하고 사용할 수가 있는 것이다.

우리가 예수님을 믿고 신앙 생활을 잘하려면 그리고 제대로 신앙 생활을 올바르게 하려면 우리도 예수님에 대해서 배워야 한다.

성경 말씀에 예수님께서 말씀하신다.

"내게 배우라 그리하면 너희 마음이 쉼을 얻으리니"

나의 마음과 영혼에 쉼을 얻으려면 예수님께 배워야 한다고 하신다. 그러면 예수님의 무엇을 배우고 실천하는 삶을 살아야 할까?

성경 말씀에 예수님께서 말씀하신다.

"나는 마음이 온유하고 겸손하니"

예수님의 온유한 마음과 예수님의 겸손한 마음을 배워야 하겠다.

온유함이란 무엇인가를 한번 살펴보면 국어 사전에는 '따뜻할 온', '부드러울 유' 자를 사용하여서 '성격, 태도 따위가 온화하고 부드러움'이라는 의미로 표현되어 있으며 영어로는 meek(온순한, 온화한)라는 뜻을 가지고 있다.

성경에서 온유함의 의미는 자신을 꺾고, 굴복하는 것을 말한다. 자신을 꺾는다는 것은 곧 자신의 생각과 의지와 감정을 포함한 자신의 인격을 부인하는 것을 말한다.

성경에는 온유함으로 표현된 분은 오직 두 분밖에 없다. 구약에는 민수기 12장 3절에 "온유함이 지면의 모든 사람보다 승하더라"라고 모세의 온유함을 예찬하고 있다.

그리고 신약에는 마태복음 11장 29절에 "나는 마음이 온유하고 겸손하니"라고 예수님이 직접 말씀하시고 있다.

그만큼 온유함이 쉽지 않고 어렵다고 볼 수가 있겠다. 예수님 자신도 자신이 하고 싶은 대로 다하지 않고 자신을 부인하고 성부의 하나님 아버지의 뜻에 따라서 십자가에 못 박히시어 피 흘려 죽으신 것이다. 예수님의 이 온유함과 겸손한 마음을 우리는 배우고 우리의 삶에 잘 적용하면서 살아가야 하겠다.

나의 마음이 악하고 남들보다 내가 최고라는 생각을 가지고 살아간다면 그 마음이 평안할 수가 없는 것이다. 늘 마음에 질투심이 생길 것이고 누군가보다 더 잘되고 싶은 마음으로 늘 쫓기는 삶을 살아갈 수밖에 없는 것이다. 그러나 예수님과 같이 나의 삶이 온유하고 겸손하게 남을 나보다 낮게 여기고 살아간다면 마음에 욕심이 없고 누군가를 돕고 베풀고 싶은 마음이 생기므로 늘 마음이 평안하고 마음과 영혼이 평안하게 쉼을 얻을 수가 있게 되는 것이다. 마음에 쉼을 얻고 싶으면 예수님의 온유함과 겸손함을 꼭 배우고 잘 적용하고 실천하는 삶을 살아갈 수 있는 자가 되도록 하여야 하겠다.

그래서 우리의 삶이 늘 주님과 동행하는 삶으로 마음과 영혼이 평안

하고 잠도 잘 오므로 몸과 마음 모든 것이 건강하게 주님을 찬양하고
주님께 영광 드높이는 삶이 되었으면 참으로 좋겠다.

3. 내 모습 이대로

나는 어느 날 아침 일찍 집 앞에서 찬송가를 들으며 아침의 시원한 공기를 마시면서 산책을 하기 시작했다. 여러 찬송가를 듣다가 갑자기 발걸음이 멈추었다. 그리고 가사에 감동을 받으면서 눈물이 글썽였던 찬송가가 있다. 바로 그 찬송가는 〈나 주의 도움 받고자〉이며 그 가사의 후렴부에 있는 "내 모습 이대로 주 받아 주소서"라는 가사였다.

나는 여러 번 반복해서 이 찬송가를 듣고 또 들었다. 그리고는 "내 모습 이 대로"에 대한 글을 쓰기 시작했다. 먼저 〈나 주의 도움 받고자〉(찬송가 214장)의 1절 가사를 한번 적어 보면 그 가사에 은혜가 참으로 많이 된다.

> "나 주의 도움 받고자 주 예수님께 빕니다 그 구원 허락하시사 날 받아 주소서 내 모습 이대로 주 받아 주소서 날 위해 돌아가신 주 날 받아 주소서"

가사 내용 한 구절 한 구절이 가슴에 와닿는 은혜를 느낄 수가 있다. 이 찬송가의 작사 작곡에 대한 배경을 《찬송가해설》새 찬송가 214장 〈나주의 도움 받고자〉찬송가 설명 자료를 인용하여서 공유하고자 한다.

"이 찬송의 작곡가 생키 목사는 미국 펜실베이니아주 에든버러에서 태어났다. 무디 목사가 스코틀랜드에서 부흥집회를 하고 있을 때 한 아이가 '선생님 나는 주님의 더 풍요를 깨닫고 싶어요. 어떻게 하면 좋지요?'라고 했을 때 '성경책을 읽으려무나. 성경 속에는 하나님의 풍성한 세계가 가득히 펼쳐져 있단다. 네가 가지고 있는 건강을 주님 앞에 드리려무나. 하나님께서 네게 주신 작은 재물이라도 하나님 앞에 드리며 살려무나.'

이 아이는 눈물을 주르르 흘리며 조용히 고개를 들었습니다. '선생님 저는 글을 배우지 못했어요. 글을 읽을 수가 없습니다. 그래도 주님을 깨달을 수 있나요? 주님을 만날 수 있나요? 나는 건강이 없어요. 몸이 약해요. 이 몸도 주님 받으실까요? 우리 어머니는 가난해요. 내 아버지는 가난해요. 나는 가진 게 없어요. 그래도 주님이 날 기뻐해 주실까요? 추한 이 몸을 주님이 받으실까요?'

이 소녀의 얼굴에는 광채가 나고 있었고. 순간 얼굴을 바라보던 몇몇 사람들이 딸아이와 함께 맨 바닥에 무릎을 끓기 시작했다. '주님 내 모습 이대로 주여 받아 주시옵소서.'

이 간증을 들은 헤밀톤이 감동을 받아 이 찬송시를 써서 교회신문에 기고를 했다 그리고 생키 목사가 곡을 써서 이 찬송가가 나오게 되었다."

이 글에서 소녀는 참으로 귀한 고백을 하고는 지금의 내 모습 그대로 주님을 뵐 수 있는지에 대한 질문을 하고 고백을 하는 모습은 우리들의 심금을 울리는 장면이라 할 수 있다.

내 모습 이대로일지라도 나를 사랑하시는 하나님이시다

하나님은 천지창조를 하실 때 사람을 흙으로 빚으시고 코에 생기를 불어넣어서 최초의 사람을 만드셨다. 바로 그 사람이 아담이다. 남자만 만들어 놓고 보니까 혼자 사는 게 외롭다고 다시 아담의 갈비뼈를 취하여서 하와를 만드시고는 두 사람이 부부가 되어서 에덴동산에서 아름답고 귀한 가정을 이루어서 기쁘고 즐겁게 살아가도록 하고는 그 아담과 하와에게 명하셨다.

창세기 1장 28절
"하나님이 그들에게 복을 주시며 그들에게 이르시어 모든 생물을 다
스리라 하시니라"

이렇게 참으로 살기 좋은 에덴동산을 아담과 하와에게 주었지만 결국에는 지켜 내지 못하고 하나님이 따 먹지 말라고 했던 선악과를 따먹으므로 사람이 최초로 죄를 짓게 되어서 에덴동산에서 쫓겨나고 그 이후로는 우리 사람들은 늘 죄를 지으면서 살아가는 불완전한 인간이 되고 말았다. 하나님과의 약속을 어기고 죄를 한번 지은 인간은 그 이후 수없이 많은 죄를 지으면서 살아가는 모습이 성경에 잘 나와 있다.

창세기 6장 5-6절

"여호와께서 사람의 죄악이 세상에 가득함과 그의 마음으로 생각하는 모든 계획이 항상 악할 뿐임을 보시고 땅 위에 사람 지으셨음을 한탄하사 마음에 근심하시고"

아담과 하와의 후손인 우리 사람들은 아담과 하와가 지은 원죄를 안고 살아가고 있으며 또한 세상을 살아가면서 수많은 자범죄를 짓고 살아가고 있는 불완전한 존재인 것이다. 사람들은 아무도 완전할 수가 없으며 어느 누구도 죄짓지 않고 살아갈 수 있는 사람은 한 사람도 없는 것이다. 이렇게 부족하고 연약한 나를 하나님께서는 "내 모습 이대로" 우리 사람들을 계속 사랑해 주시었다. 그래서 하나님은 우리 사람들을 사랑하시기 때문에 약 2000년 전에 이 땅에 하나님의 하나뿐인 아들 독생자 예수 그리스도를 이 땅에 보내 주시었던 것이다.

요한복음 3장 16절

"하나님이 세상을 이처럼 사랑하사 독생자를 주셨으니 이는 그를 믿는 자마다 멸망하지 않고 영생을 얻게 하려 하심이라"

죄 많고 부족한 점이 많고 고집이 세고 불완전한 나를 위해서 하나님은 예수님을 이 세상에 보내 주시고는 그 예수님은 다시 십자가에 못 박히시고 우리 죄를 대속하기 위해서 피 흘려 죽으셨다. 바로 우리들의 죄를 대속해 주시었던 것이다. 가난하고, 연약하고 아무것도 가진 것 없고 보잘것없는 나를 사랑하시어 십자가에 못 박혀 죽으신 예수님을 생각만 하면 할 때마다 눈물이 글썽이게 됨을 고백하게 된다.

아무 보잘것없는 죄인 내 모습 이대로를 주님은 예수님의 십자가 보혈을 믿고 회개하고 예수님을 영접할 때는 깨끗하게 해 주시고 누구든지 하나님의 자녀로 천국 백성 되게 해 주시는 그분의 사랑을 생각하면 얼마나 고맙고 감사한지 모르겠다. 하나님은 세상에서 돈 많고 권력이 있는 사람만 좋아하시는 분이 아니다. 건강이 좋지 않고 늘 연약하고 가난하고 늘 약하여서 죄 가운데 살아가고 있는 부족한 사람일지라도 하나님은 그 모습 그대로를 가진 사람들도 사랑하시고 계시는 것이다.

이 세상에 예수님을 보내 주시어 우리를 구원해 주시고 하나님의 자녀로 삼아 주신 그 하나님께 날마다 감사하고 하나님이 기뻐하시는 일을 찾아서 하고 또 그분의 영광을 드높이는 삶을 살아갈 수밖에 없음을 고백하는 시간이 되기를 간절하게 소망해 본다.

우리는 그리스도의 몸이요 지체의 각 부분이다

내 모습 이대로일지라도 그 모습 그대로인 나를 사랑하시어 예수님을 보내 주신 하나님은 우리의 몸을 여러 가지 지체가 있게 만들어 주셨다. 그리고 그 지체들의 기능에 대해서 상세하게 설명해 주고 있는 성경 구절이 고린도전서 12장 12-31절에 나와 있다.

고린도전서 12장 26-27절

"만일 한 지체가 고통을 받으면 모든 지체가 함께 고통을 받고 한 지
체가 영광을 얻으면 모든 지체가 함께 즐거워하느니라 너희는 그리
스도의 몸이요 지체의 각 부분이라"

이 성경 말씀에서 우리의 몸 지체에 대해서 각각 다른 기능을 가진
여러 지체들이 있는 것을 설명해 주고 있다. 우리가 살아가면서 몸이
아파서 힘들 때를 누구나 한 번씩은 겪어 보셨을 것이다.

몸의 지체들 중에서 어느 한곳만 아파도 우리의 몸 전체가 그 아픈
곳 때문에 함께 힘들어할 수밖에 없다. 그리고 발과 팔과 눈과 입과 귀
의 기능이 다 다른 것을 볼 수가 있다. 몸에 여러 지체가 있고 그 지체
의 기능이 각각 달라도 각각의 필요에 따라서 자신의 역할을 잘 감당
하므로 몸이 제대로 된 건강한 모습으로 살아갈 수가 있다.

교회도 마찬가지이다. 주님의 몸 된 교회에도 몸의 여러 지체와 같
이 여러 성도들이 모여서 한 교회가 된다. 그런데 각각의 성도들은 모
두가 하나님께서 만드신 걸작품이다. 한 사람 한 사람 모두가 하나님
의 최고의 걸작품이다. 그렇지만 하나님은 모든 사람들을 동일하게 만
드시지 않고 몸의 각 지체가 다르듯이 성도들의 성격, 개성, 마음씨, 모
양세 그리고 은사 등이 모두가 조금씩은 다르다. 세상에서 아무리 쌍
둥이라도 몸과 마음이 똑같은 사람은 아무도 없는 것이다.

한 공동체인 교회에서는 각각 다른 사람들도 역시 하나님의 걸작품
이므로 우리 사람이 자신의 주장과 자신의 관심에 맞추어서 바꾸려 해
서는 안 되는 것이다. 하나님께서 만드신 걸작품 그대로를 인정하고 그

대로 받아들일 때에 교회와 공동체가 건강할 수 있는 것이다. 자신이 내 모습 이대로를 받아 주신 예수님께 감사함을 느끼는 것과 같이 다른 사람도 그 모습 그대로를 인정해 주는 마음이 꼭 있어야만 하겠다.

발은 발의 기능이 있는데 눈에게 너는 매번 발인 내가 가는 곳마다 좋은 구경만 다 하고 다니니 이제 눈이 발이 좀 되어 보라고 한다면 눈이 발이 될 수는 없고 해서 눈을 감고 뜨지 않고 있다면 눈 없이 발이 어떻게 올바른 길로 갈 수 없는 것이다. 몸의 각 지체의 기능이 제자리에서 제 역할을 다하듯이 교회의 성도들도 각자의 은사와 각자의 믿음의 분량대로 하나님께서 주신 그 모습 그대로 각자 자신의 역할을 하면 되겠다. 그러니 한 사람 한 사람이 다 아주 귀중한 지체인 것이다.

살아가면서 자신감을 가지고 하나님께서 주신 은사에 따라서 각자의 자리에서 말씀과 예배와 기도에 충실한 믿음 생활을 하면서 아름답고 귀한 교회 한 공동체를 만들어 가는 자들이 되어야 하겠다.

모든 것이 협력하여 선을 이루는 삶을 살아야 하겠다

하나님은 부족하고 연약하고 보잘것없는 죄인이었던 우리들을 그래도 사랑하시어서 그 하나뿐인 독생자 예수 그리스도를 이 세상에 보내 주시기까지 하나님의 사랑을 우리들에 표현해 주시었다. 그러니 우리도 하나님을 사랑하면서 살아가야 하는 것이 당연하다고 나는 생각한다.

로마서 8장 28절

"우리가 알거니와 하나님을 사랑하는 자 곧 그의 뜻대로 부르심을 입은 자들에게는 모든 것이 합력하여 선을 이루느니라"

'우리가 알거니와'에서 무엇을 안다고 하였을까? 하나님이 우리를 사랑하여 주신 것과 같이 우리도 하나님을 사랑하는 것을 의미한다. 그렇다. 우리 모두는 하나님을 사랑하는 자들이다. 그러면 당연히 하나님의 뜻에 맞게 살아가야 하겠다. 여기서 하나님의 뜻은 무엇일까? 우리가 하나님을 사랑하는 것은 이 곧 하나님의 뜻이라고 볼 수가 있다. 우리 모두는 하나님의 자녀들이며 하나님을 사랑하는 자들이며 하나님의 뜻에 부르심을 입은 자들이다. 그러나 모두가 동일한 사람은 아니고 각자의 개성과 특성이 다르고 각자가 다른 은사를 가진 자들이 모여서 함께 예배를 드리고 있다. 그런 우리들에게 하나님께서는 서로 협력하여 선을 이루라고 하신다.

선이란 무엇일까?

세상적인 해석으로는 착한 일을 하는 것으로 단순하게 볼 수 있다. 그러나 성경적으로는 선이란 복음을 전하는 것이며 하나님을 사랑하고 빛 가운데 살아가면서 네 이웃을 내 몸같이 사랑하는 것이라고 볼 수 있다. 그러니 우리 믿는 사람들이 한 교회 모여서 예배를 드리는 자들은 서로가 협력하여서 복음을 전하는 일에 앞장서야 하겠다. 그리고 믿는 형제자매들이 서로 사랑하고 서로 아껴 주는 공동체가 되도록 노력을 해야 하겠다.

부족하고 연약한 그 모습 그대로를 하나님께서 우리들을 사랑해 주시고 자녀 삼아 주셨던 것과 같이 우리들도 서로서로 부족하고 연약한 상태 그대로를 서로 인정하고 그 모습 그대로를 서로 사랑해 주고 서로 함께 협력하여 아름답고 행복한 공동체, 하나님 보시기에 기뻐하시고 칭찬해 주실 교회를 우리 모두가 함께 만들어 가야 하겠다.

4. 즐거워하는 믿음 생활

살아가면서 누군가와 화평한 상태로 즉 서로가 사이가 좋은 관계로 있을 때는 참으로 그 사람과 함께 있음이 늘 마음이 편하고 함께 있고 싶어진다. 그러나 사이가 틀어지고 누군가와 관계가 나빠지면 그 사람과 함께 있는 게 부담이 되고 또 서로 대화하는 것도 즐겁지 않게 된다.

우리 인간은 어느 누구도 하나님과 가까워질 수가 없고 하나님과의 사이가 틀어져 있었던 일이 있었다. 그게 바로 아담과 하와가 지은 원죄와 사람이 태어나서 수많은 죄를 짓는 자범죄 때문이었다.

하나님은 우리 사람들을 만드셨고 사랑하시기 때문에 하나님의 은혜로 하나님 아버지의 독생자 예수 그리스도를 이 땅에 보내 주시어서 우리들의 원죄와 자범죄를 다 용서해 주시도록 하기 위해서 예수님을 십자가에 피 흘려 못 박아 죽게 하심으로 우리 인간의 모든 죄들을 용서해 주시고 하나님과의 관계를 회복시켜 주신 은혜를 베푸신 것이다.

그러니 이 사실을 믿는 믿음이 있는 자들에게는 누구에게나 의롭다 하심을 얻게 되고 주 예수 그리스도로 말미암아 하나님과의 화평을 누릴 수가 있게 되는 것이다.

여기서 '의롭다 하게 됨'의 '의롭다'의 의미는 죄를 짓고 있던 죄인이 하나님과 바른 관계를 갖게 되는 것을 의미한다. 즉 칭의라고도 하는데 칭의는 그리스도를 영접하는 자들에게 그리스도의 의가 전가된 것을 근거로 하여 그들을 의롭다고 선언하는 것이다.

상세한 설명은 성경 말씀 로마서 3장 21-26절에 잘 표현되어 있다.

> "이제는 율법 외에 하나님의 한 의가 나타났으니 율법과 선지자들에게 증거를 받은 것이라 곧 예수 그리스도를 믿음으로 말미암아 모든 믿는 자에게 미치는 하나님의 의니 차별이 없느니라 모든 사람이 죄를 범하였으매 하나님의 영광에 이르지 못하더니 그리스도 예수 안에 있는 속량으로 말미암아 하나님의 은혜로 값 없이 의롭다 하심을 얻은 자 되었느니라 이 예수를 하나님이 그의 피로써 믿음으로 말미암는 화목제물로 세우셨으니 이는 하나님께서 길이 참으시는 중에 전에 지은 죄를 간과하심으로 자기의 의로우심을 나타내려 하심이니 곧 이 때에 자기의 의로우심을 나타내사 자기도 의로우시며 또한 예수 믿는 자를 의롭다 하려 하심이라"

예수 그리스도로 말미암아 하나님과의 관계가 회복되고 하나님과 화평을 누릴 수가 있게 된 우리 사람들은 어떻게 살아가야 할까?

살아가면서 즐거울 때도 있고 때로는 즐겁지 못하고 괴롭게 살아갈 때도 있다. 그러나 성경 말씀에는 "살아가면서 즐거워하느니라"라고 한다. 말씀에서 즐겁게 살아가야 할 세 가지의 이유들을 볼 수가 있다.

하나님의 영광을 바라고 즐거워해야 하겠다

어릴 때부터 무엇이 되겠다는 목표를 가지고 열심히 그 목표를 위해서 노력하며 살아온 사람도 있을 것이다. 그리고 어릴 때부터 정한 목표는 아니지만 청소년 시기에 자신의 진로를 결정하고 그 목표를 달성하기 위해서 열심히 공부하고 노력한 사람도 있을 것이다.

그 목표가 어떤 전문직종의 직업이든 노래를 부르거나 스포츠를 하는 선수이거나 무엇이든 그 목표를 달성하기 위해서는 피나는 노력을 하고 연습을 하고 달려왔을 것이다. 또 어른이 되어서 그 바라는 목표가 바뀌면서 나이가 들어서 또 노력하고 열정적으로 달려가고 있는 사람도 있을 것이다.

나는 지금까지 무엇을 목표를 하고 어디에 초점을 두고 지금까지 달려왔었는지?

자신을 돌이켜 보면서 한번 "나라는 존재는 지금까지 무엇을 위해서 살아왔는가"에 대해서 생각해 보았으면 한다.

열심히 공부하고 열심히 노력하여서 그 원하던 목표에 도달했을 때에 얼마나 기쁘고 즐거웠는지를 돌이켜 보았으면 한다.

사람들은 누구나 장래에 무엇이 되겠다는 목표를 가지고 달려가고 그 목표가 달성되면 기쁘게 성취감을 느끼기도 한다. 그리고 또 어떤 사람은 성인이 되어서 그 목표가 바뀌면서 또 다른 그 목표를 향해서 달려가는 삶을 살아가고 있다고 볼 수가 있다. 그런데 지금까지의 그 목표는 누구를 위한 목표였는지를 곰곰이 생각해 보았으면 한다. 대부분 나를 위한 목표 나의 가족을 위한 목표일 수가 있을 것이다.

살아가면서 하려는 일들이 이루어졌을 때 나만을 위한 목표가 되어서 나만의 기쁨과 즐거움이 되는 것은 그 기쁨과 즐거움이 그렇게 오래가지 못하고 또다시 다른 뭔가 위해서 달려가야만 하는 힘든 인생을 살아갈 수가 있을 것이다.

그러나 그 목표 달성의 목적이 나만의 기쁨과 즐거움이 아니라 누군가의 기쁨과 즐거움을 위해서 했다면 혼자만의 즐거움이 아니라 많은 다른 사람들과 함께 즐거움을 나눌 수가 있을 것이다.

로마서 5장 2절
"또한 그로 말미암아 우리가 믿음으로 서있는 이 은혜에 들어감을 얻었으며 하나님의 영광을 바라고 즐거워하느니라"

"하나님의 영광을 바라고 즐거워하느니라"라고 말씀하고 있다.

그렇다. 우리들의 삶의 목적과 어떤 목표가 이루어졌을 때 모든 것이 하나님께 영광이 되는 일 또 하나님 영광을 드높여 드릴 때에 우리는 그 일로 인해서 즐거워할 수가 있는 것이다.

그리고 우리는 무엇을 하든지 그 일로 인해서 하나님 영광을 위해서 하는 일들이 된다면 항상 즐거운 믿음 생활을 할 수가 있을 것이다.

고린도전서 10장 31절
"그런즉 너희가 먹든지 마시든지 무엇을 하든지 다 하나님의 영광을 위하여 하라"

우리들의 일상생활이 늘 하나님 영광을 위하여 한다면 우리들의 삶이 즐거울 수밖에 없는 것이다. 우리의 삶 자체가 하나님의 영광을 위한 삶이 되어서 늘 즐겁고 기쁜 믿음 생활을 하여서 행복한 믿음 생활을 잘하는 우리 모두가 되기를 늘 소망하며 기도한다.

환난 중에도 즐거워하는 믿음 생활을 하여야 하겠다

우리는 살아가면서 여러 형태의 어려움을 겪으면서 그 어려움을 헤쳐 나가면서 살아가고 있다. 태어나서 한 번도 어려움을 겪지 않고 살아가는 사람은 아무도 없을 것이다. 어릴 때는 공부를 하면서 또는 친구들 사이에 이런저런 이유로 어려움을 겪었을 것이고 청소년 시기에는 진학을 위해서 그리고 청년 때는 진로 결정을 위해서 그리고 결혼을 위해서 여러 가지 작고 큰 어려움들을 겪어 보았을 것이다. 결혼 후 자녀들을 낳고 나면 그에 따른 어려움들이 다가온다. 가장으로서 부모로서 이런저런 어려움들을 만나고 그 어려움들을 파헤쳐 나가면서 살아가고 있으며 살아왔을 것이다. 그런데 어려움이 큰 것이면 그것이 고난이 되고 환난이 될 수가 있다.

믿음 생활을 하면서 생기는 고난과 환난이 있을 수도 있겠다. 주일을 잘 지키고 예배에 참석하고 싶은데 그렇지 못한 환경에 따른 고난이 있을 수도 있고 또 복음을 전하려고 하는데 그로 인해서 박해와 환난을 겪을 수도 있을 것이다.

나는 한국에서 대기업에서 직장 생활을 할 때 자주는 아니지만 가끔 주일날 출근해야 하는 일이 생길 때가 가장 신앙 생활에 힘들었던 기억이 난다. 그러나 미국으로 나온 이후부터는 주일날 교회 가서 예배에 참석하는 데 어려움이 전혀 없어서 참으로 좋았다.

성경에 나오는 인물들 중에 바른 믿음 생활하는 데에 따른 고난과 환란으로 어려움을 겪은 사람을 생각해 보면 가장 먼저 떠오르는 인물이 욥이다.

자신이 가지고 있던 모든 재산과 가족을 잃어버리고 자신의 몸이 온통 부스럼으로 악창이 났음에도 끝까지 하나님과의 관계를 바르게 가져갔던 욥은 환란 중에도 이렇게 말하고 있다

욥기 23장 10절
"그러나 내가 가는 길을 그가 아시나니 그가 나를 단련하신 후에 내가 순금같이 되어 나오리"

그 수많은 환란을 겪으면서도 욥이 견디어 낼 수 있었던 이유는 그 고난을 통해서 그는 인내하고 연단하여 소망을 이루실 줄 알고 있었기 때문이다.

로마서 5장 3-4절
"다만 이뿐 아니라 우리가 환란 중에도 즐거워하나니 이는 환란은 인내를, 인내는 연단을, 연단은 소망을 이루는 줄 앎이로다"

어떤 고난과 환란으로 삶을 포기하거나 실망할 이유가 전혀 없다. 로마서 5장 3절에 보면 "환란 중에도 즐거워하나니"라고 한다.

우리들에게 어떤 환란이 닥쳐올지라도 우리는 즐거워하는 믿음 생활을 해 나가야 하겠다. 왜냐하면 그 환란으로 인내심을 키우게 되고 그로 인해서 연단되어 장차 우리들에게 다가올 소망이 있기 때문이다. 즐겁게 그 환란을 받아들이는 믿음 생활을 하여야 하겠다.

어떤 환란으로 인해서 실망하고 낙심하고 포기하지 말아야 하겠다. 욥은 그 수많은 환란에서도 승리하고 다시 갑절의 축복받는 삶을 살아갈 수가 있었던 것같이 우리들도 그 환란을 이겨 내면 하나님께서 예비하신 크신 축복이 기다리고 있는 큰 소망을 마음에 품고 즐거운 믿음 생활을 할 수 있는 우리들이 되어야 하겠다.

하나님 안에서 즐거워하는 믿음 생활을 하여야 하겠다

살아가면서 나의 마음속에 누가 있을 때가 가장 즐거워했는가?

어릴 때는 내 마음속에 어머니가 있을 때가 즐거웠던 사람도 있을 것이다. 그리고 청년 시절에는 누군가를 사랑하는 사람이 생겨서 그 연인을 마음에 두고 생각할 때마다 즐거움을 느낀 사람도 있을 것이다. 그리고 어른이 되어서는 또 이런저런 다른 것들이 마음에 들어와서 그것으로 인해서 즐거울 때도 있었을 것이다.

그런데 그러한 즐거움이 얼마나 오래갔는지? 또 늘 오랫동안 즐거움을 주는 무엇인가 있었는지?

로마서 5장 11절
"이뿐 아니라 이제 우리로 화목을 얻게 하신 우리 주 예수 그리스도로 말미암아 하나님 안에서 또한 즐거워하느니라"

예수 그리스도를 믿는 믿음 생활을 하는 사람들의 마음속에는 하나님과 늘 함께하여야 즐거움이 있는 것이다. 하나님과 거리가 멀어지면 멀어질수록 불안해지고 초조해지는 마음이 생기는 것이다. 그러나 하나님 안에서 늘 하나님과 동행하는 마음이 들 때에 마음이 평안하고 즐거움이 오는 것이다. 즐거운 삶을 살아가고 싶다면 하나님을 자신의 마음 중심에 늘 모시고 하나님과 함께 하나님 안에서 살아가면 즐거워질 것이다.

하나님은 우리들에게 예수님을 이 세상에 보내 주셨다. 그리고는 그 예수님을 통해서 구원받아 하나님과 함께 저세상에서도 즐거운 천국 삶을 살 수 있게 해 주셨다.

이 세상에서도 늘 예수 안에서 살아갈 때에 많은 열매 맺는 즐거운 삶을 살아갈 수 있다.

요한복음 15장 5절에 예수님께서 우리들에게 말씀하신다.

"나는 포도나무요 너희는 가지니 저가 내 안에, 내가 저 안에 있으면

이 사람은 과실을 많이 맺나니 나를 떠나서는 너희가 아무것도 할 수 없음이라"

　그렇다. 예수님은 포도나무이시고 우리는 포도나무의 가지이다. 가지가 포도나무에 잘 붙어 있어야 포도 과일을 많이 맺을 수 있다. 그렇지 않으면 가지는 말라 죽게 되는 것이다. 그러니 과일을 많이 맺고 즐겁게 믿음 생활을 하려면 예수 안에서 우리는 살아야 하겠다. 예수님이 내 마음 안에 계시면 결코 우리를 하나님의 사랑에서 끊을 자가 아무도 없다.

　오직 하나님과 예수님이 함께하는 삶 즉 늘 주님과 동행하는 삶을 살아감으로 즐겁고 기쁜 삶을 살아가는 자가 되어야겠다.

5. 배려하는 마음을 가진 자

세상에서 자신만의 이익만을 추구하고 자신만을 위한 삶을 살아가는 사람들을 이기주의자라고 한다. 믿지 않는 세상 사람들이 요즘 한국 교회를 향해서 이기주의의 공동체라고 비난을 하는 모습들도 우리는 종종 볼 수가 있다. 왜 교회가 그런 비난을 받는지를 우리는 곰곰이 뒤돌아볼 필요가 있겠다. 교회가 한 영혼을 귀하게 여기시는 예수님의 그 가르침을 뒤로하고 교회의 성장 중심으로 운영되어 가고 또 교회 지도자들의 욕심으로 인하여 너무 남을 배려하는 공동체가 되지 못하는 이기주의적인 집단으로 가는 경향이 있기 때문에 세상으로부터 지탄을 받는 현상이 일어나고 있는 것이다.

왜 이런 현상들이 일어나고 있는지를 한번 생각해 보았으면 한다. 서로가 남을 배려하는 마음의 부족이 가장 큰 원인이 아닐까라고 생각을 해 본다.

여기서 배려란 어떤 뜻을 가지고 있는지 한번 알아보았다. 배려의 한자를 풀이해 보면 배는 '짝 배'를 사용하고 려는 '생각할 려'를 사용한다. 다시 말하면 '짝처럼 생각하는 마음'이다. 상대방을 자신의 짝처럼 생각하면서 도와주거나 보살펴 주려고 애를 쓰는 마음인 것이다. 관심을 가지고 여러 가지 마음을 써서 도와주거나 보살펴 주는 것을 의미한다. 즉 남을 도와주거나 보살펴 주려고 노력하고 실천하는 것이라고 할 수가 있다.

교회의 지도자들은 이러한 배려하는 마음이 꼭 필요하다. 담임목사와 당회의 장로는 자신의 짝처럼 항상 서로 배려해 주는 마음이 있다면 교회가 나누어지는 일이 없어질 것이며 교회의 지도자들이 교회의 성장에만 신경을 쓰고, 자신들에게 득이 되는 일에만 집중할 것이 아니라 좀 더 남을 배려하는 마음이 있다면 세상으로부터 지탄을 받지 않는 교회가 되어 갈 것이다.

배려에 대한 예화 모음집에서 발췌한 글을 하나 소개하고자 한다.

〈사랑의 힘〉이란 글이다.

"최근 기네스북에 '세계 최장수 부부'로 기록된 영국인 퍼시 애로스미스(105)와 플로렌스(100) 부부의 이야기가 화제가 되고 있습니다. 교회학교 교사였던 플로렌스는 1925년 6월 1일 마을의 작은 교회에서 다섯 살 연상의 청년을 신랑으로 맞이합니다.

그리고 80년의 세월이 흘렀습니다. 사람들이 이 부부에게 물었습니다.

"어떻게 그 오랜 세월을 해로할 수 있었습니까?"

남편의 대답. "항상 아내에게 '여보, 사랑해요'라고 말했지요."

아내의 대답. "전 남편에게 늘 '여보, 미안해요'라고 말했지요."

이 부부는 평생 서로를 배려했습니다. 그리고 화를 품은 채 잠자리에 들지 않았습니다. 전날 아무리 다퉜더라도 아침이면 사랑으로 용서

하고 새로운 날을 맞았습니다. 이 부부가 삶을 통해 실천한 성경 말씀은 에베소서 4장 26-27절입니다.

"해가 지도록 분을 품지 말고 마귀로 틈을 타지 못하게 하라"

사랑하고 배려하면 장수합니다. 사랑은 질병에 대한 저항력도 증진시킵니다."

　참으로 감동적인 부부의 이야기이다. 이와 같이 서로 배려하는 마음이 있으면 좁게는 가정에서 부부가 좀 더 넓게는 교회의 공동체가 그리고 더 크게 보면 사회의 공동체가 밝아지고 함께 살고 싶은 마음이 가득한 공동체가 될 것이다.

빌립보서 2장 3-4절

"아무 일에든지 다툼이나 허영으로 하지 말고 오직 겸손한 마음으로 각각 자기보다 남을 낫게 여기고 각각 자기 일을 돌아볼뿐더러 또한 각각 다른 사람들의 일을 돌아보아 나의 기쁨을 충만케 하라"

　이 말씀에서 배려하는 마음을 가진 자는 어떠한 자이며 어떠한 삶을 살아갈 것인가에 대해서 잘 설명해 주고 있는 것을 볼 수 있다.

배려하는 마음을 가진 자는
아무 일에나 다툼이나 허영으로 하지 않는 자이다

상대방을 존중하고 상대방을 배려하는 마음이 없이 자신의 것만 바라보는 사람들은 자주 다투는 모습을 볼 수가 있다. 그리고 허영으로 하지 않는 자가 되어야 하는데 여기서 허영은 어떤 의미일까?

허영이란 자신의 분수에 넘치는 외관상의 영화 또는 필요 이상의 겉치레란 뜻이다.

즉 배려하는 마음을 가진 자는 다투는 일이 잘 없을 것이며 또 필요 이상으로 남을 의식하여서 겉치레하는 일이 없는 자인 것이다. 배려하는 마음을 가진 자는 누군가와 함께 있을 때 그 사람을 존중하고 존경하는 마음을 가진 자이다. 그럴 때에 자신의 말과 의견을 존중해 주는 그 사람과 함께하고 싶은 마음이 생기는 것이다. 부부도 함께 있을 때는 존중하고 존경하는 마음을 서로 가질 때에 금슬이 좋은 부부가 될 수가 있는 것이다.

그리고 누군가가 함께 없을 때에는 그 사람을 칭찬해 주는 자가 되어야 하겠다. 자신을 칭찬해 주는 말을 누군가에게 전해 들으면 자연적으로 그 사람은 칭찬해 준 사람을 좋아하게 되어 있다.

그래서 우리는 함께 있을 때에 상대방을 존중하고 존경하며 또 함께 없을 때에는 그 사람을 칭찬해 주는 지혜로운 삶을 살아가는 배려하는 마음을 가진 아름다운 삶을 살아가는 자가 되어야 하겠다.

에베소서 4장 29절

"무릇 더러운 말은 너희 입밖에도 내지 말고 오직 덕을 세우는데 소
용 되는대로 선한 말을 하여 듣는 자들에게 은혜를 끼치게 하라"

다툼이나 허영으로 하는 자는 더러운 말이 입밖으로 내뱉는 자들인
것이다 그러나 오직 덕을 세우는 자들은 선한 말 즉 존중하고 존경한
다는 말과 칭찬하는 말을 아끼지 않는 자들인 것이다. 그래서 선한 말
을 듣는 나의 주변의 사람들에게 은혜를 끼치므로 예수님의 향기가 나
는 사람이 되는 것이다. 우리 모두 주변 사람들에게 선한 말을 많이 함
으로 남을 배려하여 예수님의 향기가 풍성한 자가 되기를 노력하며 실
천하는 삶을 살아야 하겠다.

배려하는 마음을 가진 자는 오직 겸손한 마음으로
각각 자기보다 남을 낮게 여기는 자들인 것이다

항상 내가 최고라고 생각하는 사람들은 남들을 배려하는 마음을 가
지기가 참으로 어렵다. 왜냐하면 나 외에는 모두가 자신보다 못하다고
생각하는 마음이 지배적이기 때문에 늘 자기우월주의에 빠져서 남들
을 얕보고 깔보는 마음이 있을 수 있기 때문이다.

그러나 겸손한 마음으로 항상 자기보다 남을 낮게 여기는 마음을 가
진 자들은 남을 배려하는 마음을 가진 자가 될 수가 있는 것이다.

마음이 겸손하지 못한 사람이 남을 배려한다는 것은 참으로 어려운

일이다. 자신의 자존심을 다 내려놓고 겸손한 마음으로 살아가는 사람은 항상 나 위주가 아닌 상대를 배려하는 마음이 생기는 것이다. 겸손과 배려는 자신이 어느 정도의 손해나 피해를 감수할 수 있어야 실천이 가능하다. 이해타산을 따지고 피해의식이 있으면 그 어느 누구도 겸손이나 배려하는 마음을 실행한다는 것이 참으로 어려울 것이다.

겸손하고 자기보다 남을 낮게 여기는 사람들은 누군가로부터 은혜를 입으면 그 은혜를 잘 잊지 않고 꼭 기억하고 그 은혜를 갚는 자들이다. 그리고 누군가로부터 서운한 일을 당하여도 그것을 쉽게 잊어 버리고 툴툴 털어 버리고 다음에 만나면 그 사람을 배려하는 마음으로 먼저 다가서는 자인 것이다.

살아가면서 이런저런 일로 은혜를 입은 적은 없는지 곰곰이 한번 생각해 보았으면 한다. 만약 은혜를 입고도 지금까지 잊어버리고 살아간다면 또는 알아도 모른 척하고 살아갔다면 지금이라도 은혜를 주신 그분을 찾아서 은혜를 갚고 감사할 줄 아는 우리가 되어야 하겠다. 그리고 누군가로부터 마음에 서운한 느낌을 가지고 그 사람을 미워하고 있다면 그 미워하는 마음을 풀고 사랑하는 마음으로 바꾸도록 우리는 기도하며 살아가야 하겠다.

야고보서 4장 6절

"그러나 더욱 큰 은혜를 주시나니 그러므로 일렀으되 하나님이 교만한 자를 물리치시고 겸손한 자에게 은혜를 주신다 하였느니라"

세상에서 잘난 척하고 교만한 자들을 우리가 너무 미워하고 시기하고 정죄하는 마음을 가질 필요가 없다. 가만히 두고 보면 하나님께서 다 물리쳐 주신다고 하셨다. 그리고 겸손하게 있는 자는 세상적으로 교만한 자보다 못한 것 같지만 하나님께서 은혜를 주신다고 하셨다. 그러니 우리는 늘 겸손한 마음으로 하나님의 은혜를 소망하면서 남들을 잘 배려하는 삶을 살아가는 자가 되어야 하겠다.

배려하는 마음을 가진 자는 각각 자기 일을 돌아볼뿐더러 또한 각각 다른 사람들의 일을 돌아보아 나의 기쁨을 충만케 하는 자이다

프랑스의 과학자이며 철학자이자 신학자인 파스칼은 이런 말을 하였다.

> "자기에게 이로울 때만 남에게 친절하고 어질게 대하지 말라. 지혜로운 사람은 이해관계를 떠나서 누구에게나 친절하고 어진 마음으로 대한다. 왜냐하면 어진 마음 자체가 나에게 따스한 체온이 되기 때문이다."

이와 같이 우리는 각각 자신의 일을 잘 돌보며 살아가야 하겠다. 그리고 어떤 이해관계를 떠나서 그저 그냥 다른 사람들의 일을 돌아보는 자가 될 때에 진정한 배려하는 자가 되는 것이다. 남을 배려하는 자의 마음은 자신의 마음에 늘 기쁨이 충만하게 될 것이다. 우리 모두 이해관계를 떠나서 남의 일들도 잘 돌보는 자가 되어서 우리의 마음이 기쁘고 즐거움이 넘치는 삶을 살아갈 수 있는 자가 될 수 있으면 참으로 좋겠다.

우리의 주변에 누군가가 곤란함을 겪고 있을 때는 도와주는 사람이 되고 또 베푼 것은 생각하지 않는 자가 진정으로 배려심이 있는 자일 것이다. 우리가 남의 어려움을 조금 도와주었다고 늘 그것을 생각하고는 그 도운 것을 인정받고 싶어하고 다시 되돌려 받고 싶은 마음이 있다면 그것은 누군가를 배려하는 마음을 가진 자라고 할 수가 없는 것이다.

또 배려하는 마음은 무엇인가 물질이 나에게 풍부하고 부자라야 할 수 있는 것이 아니라 가진 것이 적고 가난할지라도 하는 것이 진정한 배려하는 것이다. 그 예로 잘 설명되어 있는 성경 구절이 엘리야와 사르밧 과부 이야기가 열왕기상 17장 10-16절이다.

> "사르밧 지역 땅에 비가 내리지 아니하므로 얼마 후에 그 시내가 다 마르고 곡식과 양식이 다 떨어진 상태에서 엘리야는 한 과부집을 찾아가서 물을 좀 달라고 하고 또 떡 한조각을 달라고 하지만 과부는 이렇게 말한다. "나는 떡이 없고 다만 통에 가루 한 움큼과 병에 기름 조금뿐이라 내가 나뭇가지 둘을 주워다가 나와 내 아들을 위하여 음식을 만들어 먹고 그 후에는 죽으리라"
> 그때 "엘리야가 그에게 이르되 두려워하지 말고 가서 네 말대로 하려니와 먼저 그것으로 나를 위하여 작은 떡 한 개를 만들어 내게로 가져오고 그 후에 너와 네 아들을 위하여 만들라" 그녀가 가서 엘리야의 말대로 하였더니 그녀와 엘리야와 그의 식구가 여러 날 먹었으나

여호와께서 엘리야를 통하여 하신 말씀같이 통의 가루가 떨어지지
아니하고 병의 기름이 없어지지 아니하니라"

이와 같이 이 과부는 밀가루 한 움큼과 그것을 구울 기름밖에 없었
지만 먼저 엘리야에게 떡을 구워 주는 배려하는 마음을 실천하였던 것
을 볼 수가 있다. 부족한 가운데서도 남을 배려하는 마음을 가진 자에
게는 다시 채워 주시는 하나님이심을 우리는 알 수가 있다.

다른 종교와 세상 사람들도 불우하고 가난한 이웃을 많이 돕는 것을
볼 수가 있다. 그러나 기독교의 그리스도인들이 이웃을 돕고 섬기는
것은 이미 하나님께 받은 사랑을 갚기 위한 것이며 또 하나님의 말씀
과 명령에 순종하는 것이다.

마태복음 22장 37-39절
"예수께서 가라사대 네 마음을 다하고 목숨을 다하고 뜻을 다하여 주
너의 하나님을 사랑하라 하셨으니 이것이 크고 첫째 되는 계명이요
둘째는 그와 같으니 네 이웃을 네 몸과 같이 사랑하라 하셨으니"

여기서 하나님께서는 하나님의 사랑을 받은 우리에게 다른 사람을
사랑함으로 그 은혜를 갚으라고 하셨다. 네 이웃을 네 몸과 같이 사랑
하라는 말은 즉 나의 이웃이 힘들고 어려울 때를 보면 그냥 지나치지 말
고 도와주고 베풀라는 의미인 것이다. 사랑한다는 말만 하고 그냥 보고
만 있다면 그것은 진정한 나의 이웃을 사랑하는 마음이 없는 것이다.

기독일보에 게재(2016년 3월 4일 자)된 "배려하는 마음"(강준민 칼럼)에 대한 글 하나를 소개하고자 한다.

"배려하는 마음은 다른 사람이 아파하는 것을 알아차리고 안쓰러워하는 마음입니다. 이웃이 괴로워하면 다가가 위로해 주는 마음입니다. 이웃이 우는 것을 보면 함께 슬퍼하는 마음입니다. 이웃이 잘되면 함께 즐거워하는 마음입니다. 한때 드라마에 나왔던 대사를 기억하실 것입니다. '아프냐, 나도 아프다.' 이 짧은 말에 수많은 사람이 공감한 까닭은 이 말속에 배려하는 마음이 담겨 있기 때문입니다. 우리가 만나는 사람들은 한결같이 힘겨운 싸움을 하며 살고 있는 사람들입니다. 배려와 위로가 필요하지 않은 사람은 없습니다. 우리 서로를 배려하는 사랑의 공동체를 세우도록 합시다."

참으로 가슴에 와닿는 글이다. 얼마 남지 않은 한 해를 되돌아보면서 한 해 동안 은혜를 입은 분이 있으면 그 은혜를 잊지 않고 감사한 마음으로 갚고 또 누군가와 서운한 마음이 든 사람이 있다면 예수님의 사랑으로 그 서운함을 잊어버리는 우리가 되어야 하겠다.

그리고 주변에 힘들고 어려운 이웃이 있다면 그냥 지나치지 않고 예수님의 사랑으로 다가가서 함께 위로하고 함께 아파해 주면서 도와줌으로 예수님의 사랑을 실천하는 자가 되어야 하겠다.

배려하는 마음을 가지고 실천하는 자는 참으로 아름다운 인생을 살아가는 자이다. 배려하는 삶을 살아가는 자는 참으로 마음 깊숙한 내면에 기쁨이 충만한 삶을 살아가는 자이다. 배려하는 삶을 살아가는 자는 참으로 마음에 평안이 있고 기쁨이 있어 행복한 삶을 살아가는 자이다. 우리 모두 남을 배려하는 마음을 가진 자가 되어서 우리의 인생이 더욱 아름답고 기쁨이 있고 진정으로 행복한 삶을 살아갈 수 있는 자가 되었으면 한다.

4부

하나님을
제대로 알고
믿는 삶

1. 하나님은 바로 이런 분이시다

우리는 살아가면서 마음에 아주 존경하는 분이 있을 수가 있다. 그런데 마음에 존경하는 마음이 든다는 것은 그분을 신뢰하고 그분에 대해서 내가 잘 알기 때문에 그분을 존경하는 마음이 생기는 것이다. 그 존경하는 분 즉 그분에 대해서 내가 아는 게 별로 없고 또 별로 신뢰하지도 않는다면 그분을 존경하는 마음이 우러러 나올 수 없다.

나는 아래와 같은 질문을 나 자신에게 한번 해 본다.

'지금까지 누구를 가장 존경하며 살아왔었는지?'

'아니면 별로 존경하는 분이 없었는지?'

'내가 가장 존경했던 분이 누구일까?'라고 생각해 보았다. 나의 마음에는 어머니가 가장 존경하는 분으로 자리를 잡고 있음을 느낄 수가 있었다. 나를 낳아 주시고 키워 주신 것 때문에 존경한다는 것보다 더 큰 이유가 있었다.

'하나님은 어떤 분이신가?'라는 질문에 바로 그 하나님을 나의 마음속에 심어 주셨기에 즉 세상의 그 어떤 것보다도 가장 귀중하신 분을 알게끔 이끌어 주신 분이 바로 나의 어머니이시기 때문에 나는 어머니를 가장 존경하는 마음이 든다고 고백할 수 있다.

하나님을 믿는다고는 하면서 하나님이 어떤 분이신지에 대해서 상세하게 잘 모르고 믿을 수도 있을 수 있다. 하나님을 사랑하고 하나님을 존경한다고 말을 하면서도 하나님에 대해서 아는 게 너무 부족하지는 않았었는지 생각을 해 본다.

그래서 우리가 믿고 있는 하나님 바로 그분은 어떤 분이신가에 대해서 성경에 있는 말씀을 통하여서 좀 더 깊이 알아보고자 한다. 하나님에 대해서 좀 더 많이 알고 나면 하나님을 더욱 사랑하고 더욱 존경하고 경외하는 마음이 생겨서 하나님을 더욱 신뢰하는 마음이 생길 것으로 본다.

출애굽기 3장 14절
"하나님이 모세에게 이르시되 나는 스스로 있는 자니라 또 이르시되 너는 이스라엘 자손에게 이같이 이르기를 스스로 있는 자가 나를 너희에게 보내셨다 하라"

출애굽기 3장 13절에서 "모세가 하나님께 고하되 내가 이스라엘 자손에게 가서 이르기를 너희 조상의 하나님이 나를 너희에게 보내셨다 하면 그들이 내게 묻기를 그의 이름이 무엇이냐 하리니 내가 무엇이라고 그들에게 말하리이까"라고 하나님께 질문을 하였을 때 하나님은 "나는 스스로 있는 자니라"라고 하나님 자신을 소개하신다.

그렇다. 하나님은 사람들이 만든 우상과 그 어떤 다른 종교에서 사람들이 만들고 믿고 있는 대상이 아니라 하나님 스스로 계신 분, 스스로 있는 분이시다.

하나님의 성품에 따라서 하나님을 지칭하는 이름은 성경에 약 700여 개나 있다. 그러나 우리들이 꼭 기억해야 할 하나님의 이름 몇 가지를 알아보고자 한다.

우리가 사용하는 하나님의 이름 중에 첫 번째로 떠오르는 이름은 여호와 즉 야훼의 하나님이시다

이 여호와의 뜻은 지존자요 영원히 존재하는 분으로서 스스로 존재하시는 분을 가리킨다. 누군가에 의해서 만들어지지 않고 스스로 존재하시면서 이 온 우주 만물을 창조하시고 사람을 만드신 분이 바로 하나님이시다. 바로 그분은 여호와 하나님 우리 아버지이시다.

두 번째로 하나님의 이름은 에스겔 48장 35절에 기록이 되어 있다

"그 사면의 도합의 합이 일만 팔천척이라 그날 후로는 그 성읍의 이름을 여호와 삼마라 하리라"

하나님은 이스라엘 땅에만 계신 것이 아니라 이스라엘 백성이 포로로 끌려온 바벨론에도 함께하신다는 것을 말하기 위해 '여호와 삼마'라 불렀다.

여호와 삼마는 "하나님이 거기에 계신다"라는 뜻으로 하나님은 우리가 어디에 있든지 항상 거기에 계시는 분이란 의미이다. 즉 무소부제하신 하나님이시란 것이다. 하나님은 온 우주에 어디에 든 계시면서 온 우주를 다스리시는 분이시다. 그러니 우리가 살아가면서 하나님을 피할 수가 없고 하나님은 어디에든 계시니 내가 무엇을 하든지 공평하고 정직하게 하며 살아가야 하는 것이다. 그리고 내가 사망의 음침한 골짜기에 있을지라도 하나님은 나를 건져 주시고 하나님의 손으로 붙들어 주시는 것이다.

내가 어떤 상황에 있더라도 항상 하나님은 나를 지켜보시고 그곳에도 늘 함께 계시는 분이 우리 하나님 아버지이시다. 내가 어느 곳에 있든지 항상 나와 함께하시는 하나님을 때로는 두려워하며 살아가야 하겠으며 또 때로는 여호와 삼마 나의 하나님을 찬양하며 살아가야 하겠다.

세 번째로 하나님의 이름은 창세기 22장 13-14절에 나온다

"아브라함이 눈을 들어 살펴본 즉 한 수양이 뒤에 있는데 뿔이 수풀에 걸렸는지라 아브라함이 가서 그 수양을 가져다가 아들을 대신하여 번제로 드렸더라 아브라함이 그 땅 이름을 여호와 이레라 하였으므로 오늘까지 사람들이 이르기를 여호와의 산에서 준비되리라 하더라"

하나님께서 아브라함에게 모리아산에 올라가서 제사를 드리되 아들 이삭을 제물로 드리라고 하였다. 그때 아브라함은 하나님의 말씀에 순종하여서 이삭을 제물로 바치려고 했지만 하나님께서는 미리 양을 준비해 두시고 이삭 대신에 양으로 제사를 드리도록 준비해 주셨던 내용이다. 하나님께서 미리 준비해 주신 것에 감명받은 아브라함은 그 땅의 이름을 **여호와 이레**라고 하였던 것이다.

아브라함이 독생자 아들을 제물로 바치라고 하신 하나님의 말씀에 아브라함은 받아들이기 그 어려운 상황에서도 끝까지 하나님의 말씀에 순종하였던 것을 볼 수가 있다. 그럴 때에 하나님께서는 미리 준비하시고 예비하신 그 숫양으로 제사를 잘 드릴 수가 있었던 것을 볼 수가 있다. 하나님은 우리들의 앞날에 하나님께서 보시기에 필요하다고 생각하시는 것은 항상 미리 준비해 주시는 분이시다.

나는 딸 둘, 아들 하나인 아버지이다. 두 딸을 다 다른 주의 대학을 보내고 막내인 아들이 집에서 중고등학교를 보낼 시점인 12년 전에 나는 신학 공부를 하고 싶은 마음이 들었다. 그 이유로는 내가 단기선교를 매년 갈 때였으므로 선교를 갔어도 말씀을 전할 수 있으면 좋겠다는 생각과 또 막내가 한참 공부를 할 때인 시점에 아버지도 집에서 저녁에 공부를 하는 모습을 보여 주는 게 자녀 교육에 도움이 되어서 좋겠다는 마음이 들어서 신학교에 등록하고는 일을 하면서 공부도 하였다. 목회를 하기 위한 공부는 아니었지만 나는 열심히 공부를 하였다. 그래서 3년 후에 신학 석사와 5년 후에 선교학 박사를 취득하게 되었다.

그리고 나니 내가 목회를 하지는 않아도 이웃 교회의 목사님이 출타를 하시면 설교를 하기도 하고 또 지금 매월 온라인 글로벌 줌 화상 예배로 매월 둘째 주에 3년째 말씀을 전하고 있다. 그리고 G2G 선교회를 설립하고 자비량선교를 하면서 가정 세미나도 할 수가 있게 되었다.

지금 와서 생각해 보니 지금 내가 이렇게 말씀 전할 수 있게 미리 준비시켜 주신 여호와 이레의 하나님께 참으로 감사한 마음이 가득함을 고백할 수가 있다.

하나님은 우리의 미래에 하나님께서 보시기에 나에게 꼭 필요한 것을 미리 준비하게 해 주시고 또 하나님께서 보시기에 나에게 가장 좋은 것으로 미리 준비하여 주시는 분이 바로 그분 우리 하나님이심을 날마다 고백할 수 있기를 소망해 본다.

네 번째로 하나님의 이름은 출애굽기 17장 15절에 나온다

"모세는 거기에 제단을 쌓고 그 곳 이름을 '여호와닛시'라 하고"

출애굽기 17장 10절에서 14절에 상세하게 잘 설명되어 있다. 내용을 한번 보자.

"여호수아는 모세가 그에게 말한 대로 아말렉과 싸우러 나가고, 모세
와 아론과 훌은 언덕 위로 올라갔다. 모세가 그의 팔을 들면 이스라엘

이 더욱 우세하고, 그가 팔을 내리면 아말렉이 더욱 우세하였다. 모세가 피곤하여 팔을 들고 있을 수 없게 되니, 아론과 훌이 돌을 가져 와서 모세를 앉게 하고, 그들이 각각 그 양쪽에 서서 그의 팔을 붙들어 올렸다. 해가 질 때까지 그가 팔을 내리지 않았다. 이렇게 해서, 여호수아는 아말렉과 그 백성을 칼로 무찔렀다.

그 때에 주님께서 모세에게 말씀하셨다. "너는 오늘의 승리를 책에 기록하여 사람들이 잊지 않도록 하고, 여호수아에게는, '내가 아말렉을 이 세상에서 완전히 없애서 아무도 아말렉을 기억하지 못하게 하겠다'고 한 나의 결심을 일러주어라.'"

모세가 아말렉과의 전쟁에 승리하고 그 승리한 곳을 **여호와 닛시**라고 하면서 여호와 하나님 아버지는 승리케 하시는 분이시란 것을 기념하였던 것이다.

그렇다. 우리는 살아가면서 사탄의 공격을 받아서 마귀들과 싸울 때도 있고 또 이런저런 영적 전쟁에 접할 때가 있을 것이다. 그러나 여호와 닛시 즉 승리의 하나님께서는 항상 우리 편 즉 하나님을 믿고 따르는 자의 편이 되어 주신다. 그래서 항상 승리하게 해 주시는 분이 바로 우리 하나님이시다.

사람은 항상 나의 편이 될 수가 없지만 하나님은 항상 나의 편이 되어 주시는 분이시다. 그런 하나님을 우리는 믿고 신뢰하고 따르는 자가 될 때에 어떠한 영적 전쟁에도 두려움 없이 주님만 믿고 앞으로 나아갈 때에 승리하는 우리들이 될 수가 있는 것이다.

다섯 번째로 하나님의 이름은 출애굽기 15장 22-26절에 기록되어 있다

출애굽기 15장 22절에서 26절까지를 보면 치료하시는 하나님 여호와 라파의 하나님의 모습을 볼 수가 있다.

모세는 이스라엘 백성들을 홍해에서 인도하여 내어, 수르 광야로 들어갔다. 그들은 사흘 동안 걸어서 광야로 들어갔으나, 물을 찾지 못하였으며. 마침내 그들이 마라에 이르렀는데, 그 곳의 물이 써서 마실 수 없었으므로, 그곳의 이름을 마라라고 하였다. 이스라엘 백성은 모세에게 "우리가 무엇을 마신단 말입니까?" 하고 불평하였다. 모세가 여호와께 부르짖으니, 여호와께서 그에게 나무 한 그루를 보여 주었다. 그가 그 나뭇가지를 꺾어서 물에 던지니, 그 물이 단물로 변하였다. 여호와께서 그들에게 법도와 율례를 정하여 주시고, 그들을 시험하신 곳이 바로 이곳이다.

> "너희가 내 말을 들어 순종하고 내 계명에 귀를 기울이면 내가 애굽 사람에게 내린 모든 질병 중 하나도 너희에게 내리지 아니하리니 나는 너희를 치료하는 여호와임이라"

여기서 치료라는 말은 **'여호와 라파'**라는 히브리 말이다. 구약 시대 뿐만 아니라 신약 시대에 와서도 수많은 병자들을 고치시는 이적들이 있음을 우리는 잘 알고 있다. 소경을 고치시고 귀신 들린 자를 고치시고 앉은뱅이가 일어나고, 문둥병자가 깨끗하게 나음을 받게 되고 죽었던 나사로가 살아나는 등 수많은 치유의 이적들이 나타났음을 우리는 성경 말씀을 통하여서 잘 알고 있다.

현대에 와서도 많은 사람들이 치유의 하나님을 만나는 이적들이 일어남을 우리는 많이 듣고 볼 수가 있다. 그것은 곧 여호와 라파의 하나님 치료의 하나님께서 구약 시대나 신약 시대나 현대사회에서도 똑같이 성령님의 간섭과 섭리로 많은 사람들이 치유되고 있음을 볼 수가 있다.

내가 살고 있는 미국 텍사스 남부의 이웃 교회의 목사님이 세 번째 암이 걸리셨다. 작년 7월에는 목사님의 담당 의사가 치료를 포기한 상태였다. 왜냐하면 암이 온몸에 전이되어서 간과 목, 척추, 사타구니 등 몸의 여러 곳에 암이 발견되었기 때문이다. 더 이상 가망이 없다고 그냥 몇 개월만이라도 좀 의미 있게 사시는 게 좋겠다고 했었다.

그러나 목사님 가족과 많은 성도님들이 함께 기도하기 시작했다. 그리고 치료를 휴스턴의 큰 병원으로 가서 한 달간 집중 치료를 시작했다. 그리고 집으로 돌아와서 담당의사와 함께 다시 항암치료를 다시 하기 시작했다.

그때 목사님의 몸무게는 49킬로그램에 불과하고 얼굴은 하얗게 뼈만 앙상한 상태였다. 몇 개월 후에 나는 건강 가정 세미나 준비를 하다가 햇빛을 하루에 최소한 15분을 쬐는 게 건강에 중요하다는 것을 알게 되어서 목사님 집에 가서 목사님을 휠체어에 태우고 타운하우스의 수영장을 여러 차례 돌면서 햇빛을 쬐고는 매일 햇빛 쬐면서 운동을 해야 한다고 목사님께 강조하여 이야기해 드렸다. 목사님은 그날부터 스스로 휠체어 타시고 햇빛을 쬐이시고 점차로 휠체어에서 보조장치를 잡고 걸으시기 시작하였다.

그 이후 매일 아침과 저녁에 한 시간씩 걸으시기 시작했다. 항암치료와 처방을 받은 약을 계속 드시면서 한 시간씩 걸은 후에 식욕이 당기고 잠이 잘 오게 되었으며 이제는 얼굴이 검게 탄 건강한 모습이 되어서 67킬로그램이 나갈 정도로 건강하게 되었다. 그리고 매주 주일 예배를 인도하시면서 설교를 하시고 또 총회에 초청되어서 비행기 타고 엘에이까지 가서서 간증을 할 정도로 건강이 회복되었다.

하나님 아버지는 정말 치료하시는 여호와 라파의 하나님이심을 나는 아주 가까이서 생생하게 볼 수가 있었다. 이 모든 결과에 하나님께 영광 드높여 드리고 싶다.

어디가 아프고 몸이 안 좋으면 치료하시는 하나님께 먼저 간절하게 기도를 해야 하겠다. 그리고 의사가 처방해 준 약을 먹고 운동을 하고 또 하나님께서 주신 자연을 마음껏 활용해서 햇빛을 쬐고 맑은 공기를 많이 마셔야 하겠다. 그러면 여호와 라파의 하나님 치료하시는 하나님께서 치유해 주실 것이다.

여섯 번째로 하나님의 이름은
성경 말씀 사사기 6장 24절에 기록되어 있다

"여호와께서 그에게 이르시되 너는 안심하라 두려워 말라 죽지 아니
하리라 하시니라 기드온이 여호와를 위하여 거기서 단을 쌓고 이름
을 **여호와 살롬**이라 하였더라 그것이 오늘까지 아비에셀 사람에게
속한 오브라에 있더라"

샬롬이란 말은 히브리말로 평강, 평안이라는 뜻이다. 영어로는 peace
라는 단어로 표현을 한다.

기드온이 하나님께 제사를 드리는데 그때 "기드온이 그가 여호와의
사자인 줄 알고 가로되 슬프도소이다 주 여호와여 내가 여호와의 사자
를 대면하여 보았나이다"라고 하면서 두려워할 때에 여호와께서 기드
온에게 "안심하라 두려워 말라 죽지 아니하리라"라고 하시니 기드온이
거기에 단을 쌓고 여호와 샬롬이라고 하였다.

우리는 살아가면서 이런저런 이유로 마음에 두려움이 오고 때로는
불안해하는 때도 있을 것이다. 또 병마와 싸우는 사람들은 죽음에 대
한 두려움이 있을 것이다. 젊은 청년들은 미래에 대한 두려움도 있을
것이다. 여러 가지의 이유로 마음에 두려움이 찾아올 때는 우리는 평
강의 하나님께 여호와 샬롬이라고 외치면서 그 두려움을 이겨 내어야
하겠다.

요한복음 14장 27절에 예수님께서 말씀하셨다.

"나는 너희에게 평안을 주고 간다 이것은 내가 너희에게 주는 내 평
안이다 내가 주는 평안은 세상이 주는 것과는 다르다 너희는 마음에
근심하지 말고 두려워하지도 말아라"

예수님은 우리들에게 평안을 주시는 분이시다. 우리는 세상을 살아
가면서 마음에 근심하고 두려워하지 말아야 하겠다. 예수님은 모든 문
제의 해답이시기 때문이다. 그분께 아뢰고 그분께 기도하면 우리의 마
음에 평안을 주시는 그분이 바로 성자의 하나님이신 예수님이 계시고
또 성령의 하나님께서 우리의 마음을 감찰해 주시고 성부의 하나님께
서 늘 지켜 주실 것이다.

세상을 살아가면서 마음에 두려움이 몰려올 때는 평강의 하나님께
가까이 다가가서 그분의 손을 붙잡으면 여호와 샬롬의 하나님께서 마
음에 평강과 평안을 주시는 것이다.
이러한 하나님이 우리의 아버지이시니 그분을 신뢰하고 그분을 따
르고 그분과 늘 함께하는 삶으로 우리의 삶이 더욱 윤택하고 평안한
삶이 될 수 있기를 소망하며 기도한다.

2. 그분의 작품인 나는 어떤 삶을 살아야 할까?

살아가면서 주변에 미술이나 음악, 사진, 영화 등의 어떤 예술적인 작품들을 보고 감상하면서 '그 작품 참으로 잘 만들었네' '참으로 감명이 오네'라고 하면서 걸작품이라고 표현한다. 누군가가 만든 작품이 사람들로부터 걸작품이라는 평가를 받으면 그 작품은 가치가 올라가고 또 많은 사람들이 볼 수 있게 전시되기도 하고 그리고 세계적인 작품이 되면 박물관에 보관하면서 많은 사람들이 함께 볼 수 있게 된다.

사람은 하나님의 작품이니 우리 모두가 걸작품이라서 모두가 귀중한 사람들이고 한 사람, 한 사람 모두가 참으로 소중한 분들이다.

기독교 예화집에서 발췌한 예화 하나를 소개하고자 한다.

"교회에서 운영하는 어느 선교원에 어느 날 아침에 목사님이 일찍 방문하기로 되어 있었습니다.

그래서 선생님은 제일 앞에 앉아 있는 철수에게 목사님이 '너는 누가 만들었니?'라고 목사님이 질문을 하시면 그 대답을 '하나님이 만드셨습니다'라고 하라고 당부를 하였습니다.

그렇게 준비를 하였는데 철수가 갑자기 화장실에 잠시 간 사이에 목사님이 교실을 방문하였습니다.

그래서 목사님은 철수 옆에 앉아 있던 영희에게 '너는 누가 만들었니?'라고 질문하였습니다. 그때 영희가 대답을 합니다.

'목사님, 저는 우리 엄마 아빠가 만들었어요.' 그러자 목사님은 '하나님이 너를 만드시지 않았니?'라고 하자. 영희가 대답을 이렇게 합니다.

'목사님, 하나님은요 철수를 만들었어요. 그런데 철수는 지금 화장실 갔고요 저는 우리 엄마 아빠가 만들었어요.'라고 목사님에게 대답을 하였습니다."

어릴 때 신앙교육이 아주 중요함을 느끼게 하는 하나의 예화이다.

나를 만드신 분은 물론 과학적으로는 나의 부모님이시지만 하나님께서 간섭하시고 미리 작정 예정하신 대로 하나님의 섭리로 나라는 존재가 이 세상에 태어나게 된 것이다.

에베소서 2장 10절
"우리는 그의 만드신 바라 그리스도 예수 안에서 선한 일을 위하여 지으심을 받은 자니 이 일은 하나님이 전에 예비하사 우리로 그 가운데서 행하게 하려 하심이니라"

'우리는 그의 만드신 바라'라고 하신다. 여기서 그분은 바로 우주 만물을 창조하시고 다스리시는 그분 하나님이시다. 그러니 우리를 만드신 분은 하나님이시고 하나님의 작품이 바로 우리들인 것이다. 하나님의 작품은 작품인데 하나님 보시기에는 최고의 걸작품이 바로 우리들인 것이다. 우리는 하나님의 작품인데 하나님의 아들이신 그리스도 예수 안에서 선한 일을 위하여 지으심을 받은 작품인 것이다.

그런데 사람들은 예수 그리스도 안에 있지 않고 또 수많은 악한 일을 하는 사람들을 보면 참으로 안타까운 일이다. 하나님께서 사람을 만드실 때는 선한 일을 위하여 지으셨는데 악한 마귀와 사탄의 방해로 많은 사람들이 선한 일을 하지 않고 살아감을 볼 때 먼저 예수 그리스도를 믿고 있는 우리들은 더욱 선하게 선한 일을 위해서 살아가야 하겠다.

그리고 교회와 모든 크리스천들이 하나님께서 사람을 지으신 그 뜻을 그대로 받아들여서 사회와 국가와 세계에서 정말 선한 일을 위해서 살아가야 하겠다. 그럴 때에 안 믿는 사람들도 그 선한 일을 행하는 크리스천들을 보고 나도 믿어야 하겠다는 생각이 들 수가 있는 것이다.

교회와 교회의 지도자들부터 너무 교회 건물을 키우고 개인의 자산을 늘리려는 욕심을 떨쳐 버리고 진정코 이 사회와 국가에서 필요로 한 선한 일들을 많이 찾아서 행하는 교회와 교회 지도자 그리고 크리스천들이 되어야 하겠다. 그럴 때에 많은 사람들이 나도 예수를 믿고 싶다는 생각이 들게끔 되는 것이다.

예수 그리스도 안에서 선한 일을 지속적으로 잘 행하는 사람이 되는 게 참으로 중요하다. 하나님께서 우리 사람을 만드신 목적은 천지 만물을 만드시고는 하나님이 만드신 피조물들을 정복하고 다스리게 하

고 그리고 하나님의 영광과 찬양을 받으시기 위해서 만드셨다. 그리고
는 하나님의 뜻대로 우리를 쓰시려고 만드셨는데 그 주님의 뜻은 우리
들이 예수 그리스도 안에서 선한 일을 행하는 것이다.

어떻게 예수 그리스도 안에서 선한 일을 행할 수 있을지 성경 말씀
을 통하여서 알아보고자 한다.

예수 그리스도 안에서 선한 일을 하기 위해서는
성령 안에서 선한 일을 행할 수가 있다

우리의 마음이 예수 그리스도 안에서 선한 일을 행하려면 먼저 성령
의 감동과 감화로 성령 충만한 삶을 살아갈 때에 지속적으로 가능한
것이다.

안 믿는 세상 사람들도 선한 일들을 하는 모습을 우리는 볼 수가 있다.
그것은 그 사람의 마음에 예수 그리스도는 없어도 착한 마음이 함께하기
때문에 가능한 것이다. 그런데 하나님께서는 우리 사람들을 만드시고는
예수 그리스도 안에서 선한 일을 행하시기를 원하시고 계신다.

갈라디아서 5장 16절
"내가 이르노니 너희는 성령을 따라 행하라 그리하면 육체의 욕심을
이루지 아니하리라"

사람의 마음속에 악한 마음이 가득 차 있거나 죄를 계속 지으면서 회개를 하지 않고 예수 그리스도 안에서 착한 일을 할 수가 없는 것이다. 성령이 충만한 사람은 죄를 지어도 빨리 회개하고 또 죄를 안 지으려고 많이 노력하여서 죄와 멀어질 수 있는 것이다. 그리고 육체의 욕심을 멀리할 수가 있는 것이다.

그러면서 마음에 선한 일을 하려는 성령의 은사가 함께하게 될 때에 선한 일을 행하게 되는 것이다. 그러니 우리는 마음에 성령이 늘 충만한 가운데 살아가도록 노력하여야 하겠다.

그러면 어떻게 성령의 지배를 받으며 살아갈 수 있을까?

우선 매일 하나님을 만나는 시간을 가져야 하겠다. 매일 하나님께 기도하고 또 말씀을 몇 구절이라도 읽고 찬양과 함께하는 삶을 살아갈 때에 죄는 멀어지게 되고 혹 잘못하여 죄를 지어도 즉시 회개하고 돌아오는 삶이 되는 것이다. 그럴 때에 예수 그리스도 안에서 주님이 주시는 평안을 느끼면서 선한 일을 찾아서 행하는 삶을 살아갈 수가 있게 된다.

우리가 어떤 일을 할 때에도 성령님이 우리 마음을 지배하시면 항상 선한 일을 먼저 생각하게 되지만 성령이 함께하지 않으면 육체의 욕심이 먼저 들어가서 죄지을 일을 생각하게 되는 것이다.

그러니 우리 모두가 날마다 깨어 기도하고 말씀으로 무장하고 하나님을 찬양하는 삶을 살아감으로 성령님이 늘 우리들의 마음을 지배하는 삶으로 마음의 평안과 예수 그리스도 안에서 선한 일들을 많이 하는 삶이 되기를 소망해 본다.

예수 그리스도 안에서 선한 일을 하기 위해서는
누군가를 사랑하는 마음이 있어야 하겠다

내가 누군가에게 선한 일을 하기 위해서는 내 마음이 먼저 착한 마음이 자리 잡고 있어야 할 것이다. 만약 마음에 악한 영이 가득하다면 뭔가 남의 것을 빼앗으려고 하는 마음이나 남을 해롭게 하려는 마음이 가득하여서 세상을 혼탁하게 만드는 경향이 있다.

누군가를 미워해 본 적은 없는가? 미워하는 사람에게 선한 일을 할 마음이 생길 수가 없다. 누군가를 사랑하는 마음이 자신의 마음에 자리 잡고 있으면 늘 그 누군가를 생각하게 되고 또 뭔가를 그 사랑하는 사람을 위해서 마음과 물질을 주고 싶은 마음이 들게 되는 것이다. 누군가를 사랑하는 마음이 있으면 그 사람을 돕고 싶은 마음이 생기는 게 일반적이다.

가족이나 친척이나 친구나 또는 사회의 어떤 단체이거나 돕고 싶은 마음이 있으려면 최소한 그 사람과 단체에 대해서 관심이 있고 또 사랑하는 마음이 있을 때 가능해진다.

로마서 8장 28절
"우리가 알거니와 하나님을 사랑하는 자 곧 그 뜻대로 부르심을 입은 자들에게는 모든 것이 합력하여 선을 이루느니라"

하나님을 사랑하는 자는 모든 것이 협력하여 선을 이룬다고 하였다. 하나님을 사랑하는 자들은 곧 이웃도 사랑하는 자가 되어야 한다. 하나님을 사랑한다고 하면서 이웃을 사랑하지 않으면 진정한 하나님 사랑이라고 할 수가 없는 것이다.

그러니 하나님을 사랑한다고 하는 우리 믿는 자들은 모두가 협력하여서 선을 이루고 또 선한 일을 위해서 앞장서는 자들이 되어야 하겠다.

하나님은 사랑 그 자체이시다. 고린도전서 13장 13절에 "그런 즉 믿음, 소망, 사랑, 이 세 가지는 항상 있을 것인데 그 중에 제일은 사랑이라"라고 말씀하고 있다.

우리 사람은 하나님의 형상을 닮게 하나님께서 만드셨다. 그러니 우리들의 마음에는 누군가를 사랑하는 마음이 늘 가득하여서 그 누군가를 위해서 선한 일들을 많이 하는 우리들이 되어야 하겠다. 인생 살아가면서 사랑하며 살아가도 짧은 인생인데 누군가를 미워하며 살아가지 말아야 하겠다. 그저 용납하고 용서하면서 사랑으로 감싸 주는 따뜻한 마음의 소유자가 되는 자들이 되면 참으로 좋겠다.

그리스도 안에서 선한 일을 하기 위해서는
감사하고 베푸는 마음이 있어야 하겠다

살아가면서 나 자신이 얼마나 감사한 마음을 가지고 지금까지 살아왔는가?

조금 힘들고 어려운 일이 발생하였을 때 감사보다는 짜증을 낸 적은 없었는가?

나는 인생 60을 넘기면서 그리고 또 온라인으로 줌 화상 예배 설교를 시작하면서 나 자신이 크게 변화가 생긴 점을 느낀다. 나는 배가 고프면 잘 참지 못하는 체질을 가지고 있다. 일단 배가 많이 고프면 머리가 아프고 정신을 잘 못 차리면서 예수님 믿는다고 하면서도 배고플 때는 감사보다는 불평을 하는 습관이 있었다.

그런데 나는 3년 전부터 배가 고파도 불평을 하지 않으며 어느 정도 참으며 배가 고프기 전에 미리 나 스스로 잘 챙겨 먹는 습관으로 바꾸게 되었다.

한 달에 한 번씩 글로벌 온라인 줌 화상 설교를 준비하는데 우선 나의 마음이 평안한 상태라야 말씀 준비가 잘되기 때문에 늘 일상이 평온하도록 노력을 하면서 살아가는 스타일로 변화된 것이다. 그리고 아침식사는 3년 전부터 오트밀로 먹으면서 내가 스스로 쉽게 만들어 먹을 수 있기 때문에 즐거운 마음으로 아침 식사는 내가 준비하는 습관으로 바뀌게 되었다. 그래서 하루의 시작을 즐거운 마음으로 감사한 마음으로 할 수 있어서 참으로 좋다.

그렇다. 우리가 누군가에게 선을 베풀고 선한 행동을 하려면 그 사람의 마음속에 불평불만을 가진 자보다는 감사하는 마음이 가득 찬 사람들이 선한 일을 더 잘할 수가 있는 것이다.

데살로니가전서 5장 16-18절

"항상 기뻐하라, 쉬지 말고 기도하라, 범사에 감사하라, 이것이 예수 그리스도 안에서 너희를 향하신 하나님의 뜻이니라"

우리를 향한 하나님의 뜻은 늘 기뻐하고 매일 기도하고 모든 일에 감사하는 삶을 살라고 하신다. 좋은 일이 있을 때만 기뻐하고 감사하는 것은 누구나 할 수가 있다. 그러나 어려운 일이 닥쳐왔을 때도 마음에 감사하는 마음을 가지는 것이 곧 하나님의 뜻이라고 하였다.

어떤 어려운 일이 있을 때 왜 나에게 이런 일이 생기냐고 짜증을 내는 사람이 있겠지만 우리 믿는 크리스천은 이만한 일에 다행이라고 하면서 또 이 일로 내가 더욱 인내하고 연단하여서 소망을 가지고 감사한 삶을 살아야 하겠다는 긍정적인 마음으로 하나님께 감사하는 삶을 살아가야 하겠다. 그러면서 주위에 힘들고 어려운 사람들이 보이면 도와주고 베푸는 삶을 살아감으로 선한 일들을 행동으로 옮기는 삶을 살아가는 자들이 되어야 하겠다.

"미국 미시간대 스테파니 브라운 박사는 423명의 사망한 노인 부부에 대해서 5년간 조사한 결과 자신만을 아끼고 이기주의적인 마음으로 남을 돕지 않은 사람들이 남에게 도움을 주는 삶을 사는 사람들보다 일찍 죽을 가능성이 2배나 높다는 결과가 나왔다"고 한다. 이 조사의 결과를 보면 장수 비결은 누군가로부터 받는 것이 아니라 남에게 베풀고 나누는 삶을 사는 것이라고 강조하고 있다.

예수 그리스도 안에서 선한 일을 많이 하기 위해서는 우리 스스로가 먼저 항상 감사한 마음으로 살아가면서 또 어렵고 힘드는 이웃들에게 베푸는 삶을 살아가는 자들이 되어야 하겠다.

3. 그분을 찬양하고 감사하는 삶

봄, 여름, 가을, 겨울 중에 많은 사람들이 가을을 참으로 좋아하는 편이다. 그 이유로는 가을에는 풍성한 결실의 계절이라서 좋고 또 많은 나뭇잎들이 노랗고 빨갛게 울긋불긋 물들어서 아름다운 자연을 눈으로 느낄 수가 있어서 참으로 좋다. 그리고 신선한 공기를 마실 수 있는 가을의 기온이 참으로 좋다. 또 하나님께 감사한 마음으로 일 년 동안 소득에 대한 추수감사절을 지내는 감사 주일이 있는 계절이기도 하다.

이러한 가을 그리고 감사절 시기에 그분을 마음껏 찬양하고 그분께 감사하는 삶을 살아야 하겠다는 생각을 하면서 감사 관련 말과 예화들을 많이 알아보고자 한다.

한 해 동안 약 10개월을 보내고 감사의 계절을 맞이하는 시점에 금년 한 해 동안 얼마나 감사한 일이 많았으며 얼마나 감사한 표현을 하면서 살아왔는지 한번 뒤돌아보았으면 한다.

올해에는 하나님께 그리고 주위의 사람들에게 얼마나 많은 감사한 표현을 하면서 살아왔었는지?

감사 예화집에서 발췌한 예화 하나를 인용해서 소개하고자 한다.

"세계 2차 대전 후에 독일 학교에서 점심을 먹지 못하는 아이들이 늘어났습니다. 그때 시골 작은 학교에서 생긴 이야기 하나를 소개하고자 합니다.

전쟁으로 집이 가난하여서 점심을 집에서 가지고 오지 못해서 점심시간에 굶고 있는 아이들이 약 20명이 되었습니다.

그 마을에 살고 있는 한 부자가 점심때가 되면 빵 20개 정도를 가지고 와서 아이들에게 주곤 하였습니다. 그런데 그 빵의 크기가 조금씩 다른 종류들을 들고 왔던 것입니다.

그때마다 배가 고픈 아이들은 서로 큰 것을 차지하려고 아우성이었습니다. 재빨리 와서 큰 것을 요령껏 집어 들고 자기만의 공간으로 사라지는 것을 지혜로 알았습니다.

그런데 한 아이는 달랐습니다. 그래첸이라는 아이였습니다. 그 아이는 먼저 집어 가지 않았습니다. 조용히 뒤에서 기다리다가 남아 있는 가장 작은 빵 한 개를 여유 있게 집어 들고는 그 부자에게 "먹을 것을 주셔서 감사합니다." 이렇게 인사하고 사라졌습니다. 이런 일이 매일 반복이 되었습니다.

그날도 그래첸은 다른 아이들이 작다고 집어가지 않은 가장 작은 빵을 들었습니다. 고른 것이 아니라 남아 있는 빵입니다. 보잘것없는 작은 빵입니다. 그는 그 빵을 들고 부자에게 인사를 드리고 집으로 가지고 갔습니다.

집에 있는 어머니가 점심을 못 먹으니 같이 먹으려는 것이었습니다. 집으로 가지고 와서 빵을 잘랐을 때 어머니와 그레첸은 놀랐습니다. 그 빵 속에서 비싼 은화 6개가 나온 것이었습니다. 어머니가 아들에게 말했습니다.

"이 은화는 우리 것이 아니라 그 할아버지가 빵을 만들다가 잃어버린 은화일 것이다. 이렇게 비싼 것이 여기에 들어 있을 리가 없다. 빨리 돌려 드려라."

아들은 은화를 들고 부자 할아버지에게 달려갔습니다. 그리고 돌려 드렸습니다. 그랬더니 할아버지가 말했습니다. "이 은화는 너의 것이 틀림이 없다. 나는 20명 아이들 중에 감사할 줄 아는 너에게 주려고 일부러 넣은 것이다. 이것은 하나님이 감사할 줄 아는 너에게 주는 보상이다."라고 하며 그래첸에게 다시 주었습니다."

이 예화에서 우리는 무엇을 느낄 수 있는가. 이렇게 일상에서 감사할 줄 아는 자에게는 항상 그 보상이 온다는 것이다. 하나님께서는 범사에 감사하라고 하신다. 그것은 우리의 일상 생활에서 늘 감사하는 삶인 것이다. 우리가 세상을 살아가면서 그분을 찬양하고 항상 감사하는 삶을 살아가야 하겠다.

하나님을 찬양하고 늘 감사하는 삶을 살아가기 위해서는 우리는 어떻게 해야 할지를 성경 말씀 골로새서 3장 15절에서 17절 말씀을 통해 알아보고자 한다.

너희는 감사하는 자가 되어라고 한다

사람은 태어나서 죽을 때까지 많은 감사의 표현을 하면서 늘 감사하는 자가 있는가 하면 감사할 일이 있어도 감사할 줄 모르고 당연하게 여기고 늘 더 원하고 바라는 사람도 있는 것을 우리는 볼 수가 있다.

> 골로새서 3장 15절
> "그리스도의 평강이 너희 마음을 주장하게 하라 평강을 위하여 너희
> 가 한 몸으로 부르심을 받았나니 또한 너희는 감사하는 자가 되라"

'예수 그리스도의 평강이 우리들의 마음을 주장하게 하라'라고 하신다. 그러면 어떻게 하면 그리스도의 평강이 우리들의 마음을 주장하게 할 수 있을까?

우리들의 마음이 있는데 그 마음의 중심에 누가 자리잡고 있음을 느끼시는지?

나라는 자신의 존재가 그 마음의 중심에 있다고 느끼시는지? 아니면 나의 마음의 중심에 예수님이 자라 잡고 있는지?

만약에 나의 마음의 중심에 자신이 자리잡고 있다면 그리스도의 평강이 함께하는 게 어려울 것이다. 하지만 마음의 중심에 예수님이 계신다면 예수 그리스도의 평강이 늘 우리들의 마음을 평강으로 인도해 주실 것으로 본다.

마음에 불만이 가득한 사람들의 마음과 입에서 감사하다는 표현이 나올 수가 없는 것이다. 감사하는 자가 되기 위해서는 그 사람의 마음

이 예수 그리스도의 평강이 함께할 때에 기쁠 때나 슬플 때나 범사에 감사하는 자가 될 수가 있는 것이다.

평생 복음을 전하는 일에 바친 언더우드 선교사가 이런 기도문을 남겼다.

"누군가는 지금 그렇게 기도를 합니다. 설 수만 있다면 더 큰 복은 바라지 않겠습니다. 누군가는 지금 그렇게 기도를 합니다. 들을 수만 있다면 더 큰 복은 바라지 않겠습니다. 누군가는 지금 그렇게 기도를 합니다. 말할 수만 있다면 더 큰 복은 바라지 않겠습니다. 누군가는 지금 그렇게 기도를 합니다. 볼 수만 있다면 더 큰 복은 바라지 않겠습니다. 누군가는 지금 그렇게 기도를 합니다. 살 수만 있다면 더 큰 복은 바라지 않겠습니다. 놀랍게도 누군가의 간절히 기도하는 기적이 내게는 다 일어나고 있습니다. 그래도 부자 되지 못해도 빼어난 외모 아니어도 지혜롭지 못해도 나는 내 삶에 날마다 감사하며 살겠습니다. 날마다 기적이 일어나는 나의 하루를 나는 사랑합니다. 나는 어떻게 해야 행복해지는지 고민하지 않겠습니다. 나는 날마다 내가 얼마나 행복한 사람인지 날마다 깨닫겠습니다."

언더우드 선교사님의 이 기도문과 같이 날마다 감사하는 자가 우리는 되도록 노력하는 삶을 살아가야 하겠다. 그리고 날마다 나의 하루하루를 사랑하는 자가 되어야 하겠다. 또한 자신이 날마다 참으로 행복한 자임을 깨닫는 자가 우리는 되어야 하겠다.

그렇다. 날마다 범사에 감사하는 자는 자신을 사랑하고 또 다른 사람들에게도 사랑하는 마음이 생기어서 날마다 하루하루가 행복한 축복의 삶을 살아갈 수가 있는 것이다.

우리 모두가 날마다 감사하는 자가 되어서 하나님께서 예비하신 많은 축복을 누릴 수 있는 자들이 되면 참으로 좋겠다.

마음에 감사함으로 하나님을 찬양하는 자가 되어야 하겠다

일상 생활 가운데서 노래가 나오고 찬양이 저절로 나올 때는 어떠한 때가 그렇게 입에서 찬양이 나오는지를 한번 생각해 보았으면 한다.

마음속에 뭔가 세상적인 것으로 가득 차고 불만이 가득한 마음이라면 그 입에서 찬양이 나올 수가 없다. 그러나 마음속에 그리스도 예수님의 말씀이 가득하고 마음에 감사한 마음이 있으면 부르고 싶지 않아도 저절로 입에서 찬양이 흘러나오는 것을 우리는 느낄 수가 있을 것이다. 그리고 마음이 우울하고 갑갑하여서 입에서 찬양이 안 나올 때는 찬양을 귀로 들으면 그 찬양의 가사에 은혜가 되어서 저절로 찬양을 따라서 부르기도 하는 것이다.

골로새서 3장 16절
"그리스도의 말씀이 너희 속에 풍성히 거하여 모든 지혜로 피차 가르치며 권면하고 시와 찬미와 신령한 노래를 부르며 마음에 감사함으로 하나님을 찬양하고"

우선 우리가 시와 찬미와 신령한 노래를 부르면서 하나님을 찬양하기 위해서는 마음에 감사함이 있으므로 더욱 그렇게 할 수가 있을 것이다.

시와 찬미와 신령한 노래를 부르며 감사함으로 하나님을 찬양하는 시 한 편을 소개하고자 한다.

시편 138편

"내가 전심으로 주께 감사하며 신들 앞에서 주께 찬양하리이다 내가 주의 성전을 향하여 경배하며 주의 인자하심과 성실하심을 인하여 주의 이름에 감사하오리니 이는 주께서 주의 말씀을 주의 모든 이름 위에 높게 하셨음이라 내가 간구하는 날에 주께서 응답하시고 내 영혼을 장려하여 강하게 하셨나이다 여호와여 땅의 열왕이 주께 감사할 것은 저희가 주의 입의 말씀을 들음이오며 저희가 여호와의 도를 노래할 것은 여호와의 영광이 크심이니이다 여호와께서 높이 계셔도 낮은 자를 하감하시며 멀리서도 교만한 자를 아시나이다 내가 환난 중에 다닐찌라도 주께서 나를 소성케 하시고 주의 손을 펴사 내 원수들의 노를 막으시며 주의 오른손이 나를 구원하시리이다 여호와께서 내게 관계된 것을 완전케 하실찌라 여호와여 주의 인자하심이 영원하오니 주의 손으로 지으신 것을 버리지 마옵소서"

시편 138편은 하나님의 인자하심과 성실하심이 영원하시다는 감사의 찬양이며 성경에는 다윗의 시라고 제목이 되어 있다. 다윗이 주변 국가 대부분을 정복하고는 하나님의 은혜에 감사하며 지은 시가 바로 시편 138편이다. 하나님의 인자하심과 성실하심에 대한 찬양이 바로 이 시인 것이다.

다윗은 위대한 이스라엘의 왕이자 하나님의 자녀였다. 왕으로서 전쟁에 승리하고 가장 빛나는 삶을 살아갈 때 환난 중에 구원하신 하나님의 은혜를 묵상하며 마음으로 감사하고 하나님을 찬양하고 있는 것이다.

우리는 다윗에게서 하나님의 인자하시고 성실하심에 대한 믿음으로 산다는 것과 환란 중에도 늘 마음에 감사한 마음으로 하나님을 찬양하는 그 믿음을 배워야 하겠다.

그렇다. 우리는 살아가면서 삶이 늘 평탄치는 않을 것이다. 다윗의 삶과 같이 때로는 환난과 고난이 있을 수도 있고 때로는 기쁨과 즐거움이 있을 수도 있는 것이다.

그러나 환난과 고난 중에도 그리고 기쁨과 즐거움 중에도 늘 하나님께 감사한 마음을 가지고 하나님을 찬양하는 삶을 우리는 살아갈 수 있는 자가 되어야 하겠다. 왜냐하면 하나님의 인자하심과 성실 하심은 영원하기 때문에 우리의 모든 환경과 여건을 늘 감찰하시고 늘 보호해 주시고 인도해 주시는 분이 바로 우리 하나님 아버지이시기 때문인 것이다. 그런 하나님이 바로 우리들의 아버지이시다. 그러므로 날마다 우리들의 마음에 그분께 감사한 마음을 가지고 그분을 찬양하는 삶을 살아갈 수 있는 자들이 되어야 하겠다.

하나님 아버지께 감사하라고 하신다

감사하다는 표현을 우리는 가족과 친구 그리고 직장 동료들에게 많이 하면서 살아가고 있다. 그런데 골로새서 3장 17절에 보면 "무엇을 하든지 말에나 일에나 다 주 예수의 이름으로 하고 그를 힘입어 하나님 아버지께 감사하라"라고 기록되어 있다.

무엇을 하든지 말에나 일에나 다 주 예수의 이름으로 하고 하나님 아버지께 감사하라고 한다.

하나님 아버지께 감사할 이유가 무엇이 있다고 생각하는가?

육신의 아버지께는 나를 세상에 태어나게 해 주셨고, 키워 주셨고 또 학교를 다니고 직장을 구해서 결혼하기까지 잘 양육해 주심에 대한 감사하는 마음이 있을 것이다. 하나님 아버지께는 무엇이 감사할 게 있는지 알아보고자 한다.

먼저 이 세상 천지 만물을 만들어 주시고 우리 사람에게 맡겨 주심에 감사해야 하겠다.

이 세상에 나를 태어나게 해 주심에 감사해야 하겠다.

이 세상에 하나뿐인 독생자 예수님을 보내 주시어 십자가의 보혈로 나의 죄를 대신하여서 죽어 주시어 구원해 주심에 감사해야 하겠다.

또 나를 하나님의 자녀 삼아 주시어 날마다 주님의 품 안에서 살아가게 해 주심에 감사해야 하겠다.

부활의 소망을 주시어 감사해야 하겠다.

날마다 일용할 양식을 주시어 감사해야 하겠다.

그 외에도 각자 사람마다 여러 가지 더 많은 감사의 제목들이 많이 있을 것으로 본다.

수많은 감사의 조건들이 있는데 우리는 살아가면서 하나님께 감사한 마음을 표현하지 않고 살아가고 있지는 않은지? 날마다 하나님께 '감사합니다'라는 표현을 하고 하나님을 찬양하는 삶을 우리는 살아가야 하겠다.

하나님께 감사하는 표현을 한 시 하나를 소개하고자 한다.

시편 100편 시이다.

> "온 땅이여 여호와께 즐거이 부를찌어다 기쁨으로 여호와를 섬기며 노래하면서 그 앞에 나아갈찌어다 여호와가 우리 하나님이신 줄 너희는 알찌어다 그는 우리를 지으신 자시요 우리는 그의 것이니 그의 백성이요 그의 기르시는 양이로다 감사함으로 그 문에 들어가며 찬송함으로 그 궁정에 들어가서 그에게 감사하며 그 이름을 송축할찌어다 대저 여호와는 선하시니 그 인자하심이 영원하고 그 성실하심이 대대에 미치리로다"

이 시에서 여호와가 우리 하나님이심과 우리를 지으시고 우리는 그분의 백성이고 양임에 감사한다고 하고 있다. 그렇다. 우리는 하나님 아버지의 백성이고 양이다. 그러니 우리는 날마다 그분께 감사하는 삶을 살아가야만 하겠다.

또 시편 118편은 다윗이 지은 시이다. 이 시는 종교개혁자 마르틴 루

터가 가장 좋아하는 다윗의 시이다. 그중에 1절과 28, 29절에 보면 이렇게 되어 있다.

> "여호와께 감사하라 저는 선하시며 그 인자하심이 영원함이로다 주는 나의 하나님이시라 내가 주께 감사하리이다 주는 나의 하나님이시라 내가 주를 높이리이다 여호와께 감사하라 그는 선하시며 그 인자하심이 영원함이로다"

다윗은 하나님은 늘 자신과 함께하심을 믿었다. 그래서 이러한 시로써 하나님을 찬양하고 감사하는 표현을 잘하고 있음을 볼 수가 있다.

우리의 아버지이시고 나의 목자이신 하나님 아버지께 항상 감사하는 표현을 하면서 살아가는 자가 되어야 하겠다. 그렇게 그분을 찬양하고 감사하는 삶을 살아갈 때에 우리들의 삶은 평안하고 두려움이 없어지므로 날마다 승리하는 삶을 살아갈 수가 있는 것이다. 날마다 그분을 찬양하고 감사하는 삶으로 항상 기쁨과 즐거움이 함께하는 삶이 되기를 소망한다.

4. 그분이 기뻐하시는 삶을 살기 위해서는

누군가에게 기쁨을 주면서 살아가는 사람이 있는가 하면 때로는 누군가에게 아픔을 주는 삶을 살아가는 사람도 있는 게 현실이다. 그러나 내가 마음이 평안하고 행복한 삶을 살아가기를 원한다면 누군가에게 기쁨을 주는 삶을 살아가는 게 꼭 필요할 것이다.

나는 과연 얼마나 다른 사람들에게 기쁨을 주면서 살아왔는지를 한번 뒤돌아보았으면 한다. 과연 나라는 존재는 가족들에게 또 친구들에게 그리고 여러 사람들에게 얼마나 기쁨을 주면서 살아왔는가?

특히 같은 교회에서 한 하나님을 섬긴다고 하면서도 성도간의 의견 차이로 많은 성도님들을 힘들게 한 적은 없었는지를 생각해 볼 때에 나를 포함한 교회의 지도자들은 하나님께 참으로 부끄럽다는 생각을 하여야 할 것이다.

모든 일들을 끝까지 하나님께 맡기고 하나님의 뜻을 알 때까지 기다려야 하지만 그렇지 못하고 인간의 생각과 판단으로 사람들을 정죄하고 교회가 나누어지는 아픔을 겪는 교회들을 지켜볼 때에 나도 교회의 장로 직분을 가진 자로서 늘 하나님께 죄송하고 미안한 마음을 가지고 하나님의 뜻을 좇아서 그분을 기쁘시게 하는 삶을 살아가야 하겠다는 다짐을 늘 하면서 살아가고 있다.

내가 믿는 하나님께서 기뻐하실 일들을 찾아서 그 일들을 내가 하면서 살아갈 때에 곧 나의 기쁨이 되고 나의 삶에도 평안한 삶이 되는 원리를 우리는 늘 깨달으면서 살아가야 하겠다.

> 로마서 12장 1-2절
> "그러므로 형제들아 내가 하나님의 모든 자비하심으로 너희를 권하노니 너희 몸을 하나님이 기뻐하시는 거룩한 산 제물로 드리라 이는 너희의 드릴 영적 예배니라 너희는 이 세대를 본받지 말고 오직 마음을 새롭게 함으로 변화를 받아 하나님의 선하시고 기뻐하시고 온전하신 뜻이 무엇인지 분별하도록 하라"

이 말씀을 가지고 내가 믿고 있는 하나님이 기뻐하시는 일들을 찾아서 그분을 기쁘시게 하는 삶을 살아가기 위해서는 내가 무엇을 어떻게 하는 삶을 살아가야 할지를 알아보고자 한다.

하나님이 기뻐하시는 영적 예배를 드리는 삶을 살아야 하겠다

우리는 매 주일 성전을 찾아가서 또는 형편에 따라서 온라인으로 매주 주일 예배를 드리는 삶을 살아가고 있다. 예배를 드릴 때는 찬양과 말씀과 기도를 하면서 하나님을 기쁘시게 해 드리는 예배를 드리고 있다. 매주 드리는 이 예배도 매우 중요하지만 하나님은 우리들이 "하나님이 기뻐하시는 산제물로 드리라 이는 너희의 드릴 영적 예배니라"라고 하신다.

여기서 영적 예배란 무엇을 의미하는지 알아보자.

우리의 육체적인 어떤 욕심들을 바라보면서 살지 말고 죄악 된 삶에서 돌이켜 하나님의 은혜 안에서 날마다 하나님을 찬양하고 그분의 이름을 높이는 삶을 살아가는 삶, 그 자체가 곧 예배인 것을 영적 예배라고 할 수가 있겠다.

즉 예수님께서 우리를 위하여 십자가에서 피 흘려 죽으신 그 십자가의 보혈을 의지하여서 거룩한 삶을 살아가는 그 삶이 곧 영적 예배인 것이다.

말씀에서 우리의 몸을 거룩한 산제물로 드리라고 하신다. 여기서 거룩한 산제물은 무엇을 의미하는지 알아보고자 한다.

구약 시대에는 하나님께 제사를 드릴 때에 동물을 잡아서 피는 제단에 뿌리고 몸은 태워서 번제로 드리는 제사를 드렸다. 그러나 신약 시대에 와서는 더 이상 동물을 잡아서 제사를 드리지 않아도 되는 것이다.

왜냐하면 예수 그리스도의 십자가 보혈로 그 예수님의 피로 말미암아 단 한 번의 속죄물로 드려짐으로 영원한 제사가 하나님께 드려졌기 때문이다. 그래서 신약 시대에는 더 이상 동물을 잡아서 예배드릴 때 바치는 예배를 드리지 않아도 되지만 몸과 마음 즉 우리들의 몸과 마음 전부를 드리는 삶이 곧 제사이며 예배인 것이다.

여기서 산제사란 우리의 영혼과 육체 즉 몸과 마음 나의 인격과 삶 전체를 드리는 것이 바로 산제사라고 볼 수 있으며 그것이 곧 살아 있는 예배라고 볼 수가 있다. 하나님께서 기뻐하시는 영적 예배라고 볼 수가 있는 것이다.

매 주일 드리는 공식적인 예배도 매우 중요하지만 더욱 중요하고 하나님께서 기뻐하실 예배는 우리들의 몸과 마음 즉 전 인격을 드리는 삶 그 자체가 바로 예배인 삶을 살아가는 것이 꼭 필요하겠다. 그냥 한 주에 한두 번 드리는 공식 예배 때만 아주 경건하게 드리고 일상으로 돌아와서 살아가는 삶에서는 예수님도 하나님도 잊어버리고 그냥 육체를 따라서 살아가는 모습이 되어서는 아니 되겠다. 예수를 믿는 그리스도인이라면 그 사람의 삶 자체가 예수님의 향기가 나는 삶과 예배가 되어야 하겠다.

우리들의 삶 가운데서 늘 예수님을 닮아 가고 예수님의 사랑을 널리 전하면서 예수님의 향기가 나는 삶을 살아가는 자가 되기를 소망해 본다.

하나님을 기쁘시게 하는 삶을 위해서는 이 세대를 본받지 말고 마음을 새롭게 함으로 변화를 받는 삶을 살아야 하겠다

이 세대는 어떤 세상일까? 바로 세상의 가치관과 세상의 풍조를 따라가는 세상이다. 그러나 우리 믿는 사람들은 이런 세상을 따라가지 않는 삶을 살아가야 하겠다.

요한일서 2장 15-16절
"이 세상이나 세상에 있는 것들을 사랑치 말라 누구든지 세상을 사랑하면 아버지의 사랑이 그 속에 있지 아니하니 이는 세상에 있는 모든 것이 육신의 정욕과 안목의 정욕과 이생의 자랑이니 다 아버지께로 쫓아온 것이 아니요 세상으로 쫓아온 것이라"

주님께서는 이 세상이나 세상에 있는 것들을 사랑하지 말라고 하신다. 누구든지 세상을 사랑하는 자는 그 마음속에 하나님 아버지의 사랑이 있지 아니한다고 하신다. 어떤 육신의 정욕과 안목의 정욕과 이 세상의 자랑할 것들 즉 세상적인 명예와 권력과 부를 너무 좇지 말라는 것이다. 그러한 것들은 아버지께로부터 온 것이 아니요 세상적인 것이란 것이다.

예수님께서 산상보훈 말씀에서 마태복음 6장 24절에 이렇게 말씀하신다.

"한 사람이 두 주인을 섬기지 못할 것이니 혹 이를 미워하며 저를 사랑하거나 혹 이를 중히 여기며 저를 경히 여김이라 너희가 하나님과 재물을 겸하여 섬기지 못하느니라"

하나님과 재물을 겸하여 섬기지 못한다고 말씀하신다. 그러니 명예와 권력과 재물을 좇는 자는 하나님을 사랑하며 두 주인을 섬길 수가 없다는 것이다. 그래서 우리의 삶이 이 세대를 본받지 말고 변화를 받아 새롭게 된 삶을 살아가야 하겠다.

우리가 구원의 확신을 가지게 되는 거듭남의 기쁨을 가진 자는 이미 새롭게 된 적이 있지만 매일의 삶에서 날마다 새롭게 되는 역사가 일어나야 하겠다.

매일의 삶을 새롭게 살아가려면 매일 주님을 만나는 시간 즉 주님과 대화하는 시간을 우리는 가지는 삶이 꼭 필요하겠다. 아침에 일어나면 주님께 기도하고 말씀을 접하는 시간을 가질 때에 매일매일이 새롭게 변화되는 삶을 살아갈 수가 있는 것이다.

오늘도 내일도 주님께서 주시는 새로운 영적인 힘으로 우리는 이 세상에서 날마다 승리하는 삶을 살아가는 자가 되어야 하겠다.

하나님의 선하시고 기뻐하시고 온전하신 뜻이 무엇인지 분별하는 삶을 살아야 하겠다

우리는 믿음 생활을 하면서도 어느 것이 하나님의 뜻인지 구분을 못하고 고민을 할 때가 종종 있다. 그리고 교회에서도 어떤 결정을 내려야 할 때에 어느 방향이 하나님의 뜻인지 잘 모르고 사람의 생각과 뜻에 따라서 잘못 판단하여서 마귀와 사탄이 좋아하는 분란이 일어나는 경우도 종종 볼 수가 있다.

그런데 오늘 하나님을 기쁘시게 하는 삶을 살아가기 위해서는 하나

님의 뜻을 분별하는 삶을 살아가야 한다고 한다

로마서 12장 2절
"너희는 이 세대를 본받지 말고 오직 마음을 새롭게 함으로 변화를
받아 하나님의 선하시고 기뻐하시고 온전하신 뜻이 무엇인지 분별하
도록 하라"

이 말씀에서 보면 하나님의 뜻이란 선하고 하나님이 기뻐하실 일이
고 온전한 것이면 그것이 곧 하나님의 뜻이라고 볼 수가 있다. 하나님
의 선하신 뜻을 분별하는 삶을 살기 위해서는 우리의 삶이 곧 하나님
의 말씀에 근거하여 진리 가운데 살아가는 삶을 살아가야 하겠다. 진
실과 진리는 변함이 없고 영원한 것이다. 즉 하나님의 말씀은 영원하
다. 그러니 우리는 날마다 성령 안에서 선한 진리의 말씀과 함께 살아
갈 때에 악을 멀리하는 삶을 살아가야 하겠다. 그리고 하나님이 기뻐
하시는 일과 그렇지 않은 것을 날마다 삶에서 분별하는 삶을 살아가야
하겠다.
그래서 우리의 삶이 하나님을 영화롭게 하고 영원토록 그분이 즐거
워하는 삶을 살아가야 하겠다.

로마서 11장 36절
"이는 만물이 주에게서 나오고 주로 말미암고 주에게로 돌아 감이라
영광이 그에게 세세에 있으리로다 아멘"

모든 만물이 그분으로부터 시작하여 그분에게 돌아감이라고 한다. 그래서 모든 영광이 그분에게 세세에 영원하리라고 말씀하신다. 그분은 바로 우리 하나님 아버지이시다. 그러니 우리는 날마다 하나님을 기쁘시게 하는 삶을 살아가도록 세상과 구별된 삶을 살아가야 하겠다.

하나님의 온전한 뜻을 분별하는 삶을 살아가야 하겠다. 우리의 몸에 영혼이 없으면 죽은 것이다. 그와 같이 우리는 하나님의 온전한 뜻을 구분하여 행함이 있는 믿음 생활을 하여야 하겠다. 행함이 없는 삶은 죽은 믿음인 것이다.

야고보서 2장 22절
"네가 보거니와 믿음이 그의 행함과 함께 일하고 행함으로 믿음이 온전케 되었느니라"

믿음이 행함과 함께 일하고 행함으로 믿음이 온전케 된다고 말씀하신다. 온전한 믿음이란 하나님이 기뻐하시는 일들을 실천하는 행하는 믿음이란 것이다. 그러니 우리의 삶이 날마다 하나님께서 기뻐하실 일들을 많이 하는 삶을 살아가므로 날마다 즐겁고 기쁜 믿음 생활을 할 수 있는 자들이 되어야 하겠다.

하나님의 뜻을 분별하기 위해서는 우리는 매일 성경 말씀을 접하여 그 말씀 안에서 하나님의 뜻을 발견할 수 있는 자들이 되어야 하겠다. 그리고 또 매일 기도함으로 하나님과의 대화 가운데서 하나님의 뜻을 알아내는 삶을 살도록 하여야 하겠다.

이러한 말씀과 기도의 삶으로 살아갈 때에 하나님께서 기뻐하시고 선하고 온전하신 뜻을 분별하는 삶을 살아갈 수가 있는 것이다. 그것이 곧 하나님을 기쁘시게 하는 삶이라고 볼 수가 있겠다.

나는 대기업에 다니면서 미국 주재원으로 나왔다가 5년 후에 한국으로 돌아가지 않고 약 18년 5개월을 다니던 회사를 그만두고 자녀 교육의 문제로 미국에 정착하게 되었다. 45세에 회사를 스스로 그만두고 미국에서 자영업을 시작하게 되었다.

현재까지 약 20년 동안 사업을 해 오고 있다. 하지만 2017년까지 5-8개의 휴대폰 매장을 운영하면서 무척 바쁘게 하루하루를 지내는 삶을 살았다. 일이 바쁘고 힘이 드니까 주일 예배와 토요일 새벽 기도회는 교회에 가서 예배를 드렸지만 나의 일상에서 매일 주님을 만나는 시간을 마련하지는 못하고 하루하루 바쁘게 살아갔다.

그러던 나는 60세를 2년 앞두고 큰 결심을 하게 되었다. 가지고 있던 매장 모두 매각 처분하였다. 그리고는 인생 60부터는 새로운 삶을 살아야겠다는 마음으로 나의 삶에 큰 변화를 가져왔다.
인생 60부터는 일만 할 것이 아니라 내가 가지고 있는 재능과 은사를 가지고 필요로 하는 사람들에게 도움이 되는 일을 하고 또 수입의 일부를 가지고 힘들고 어려운 지역 멕시코에 교회 건축을 돕겠다는 마음을 먹게 되었다.

그래서 기존 휴대폰 매장을 정리하고 집에서 5분 거리에 휴대폰과 컴퓨터 수리 및 판매 매장을 열었다. 그리고는 매일 아침에 사무실에 출근하면 성경 말씀 한 구절을 공책에 적고 또 감사합니다 10번, 사랑합니다 10번을 공책에 적기 시작했다. 그리고는 성경 몇 장을 읽고는 기도한 다음 하루의 일과를 시작하였다.

　5년 동안 그렇게 하고 나니까 가끔 바쁜 일이 생겨서 큐티를 못 하는 날에는 왠지 찝찝한 마음이 든다. 그래서 매일 일정한 시간에 주님을 만나는 삶을 살아가는 나 자신이 참으로 감사하고 또 감사한 마음이 든다.

　나는 이때부터 여러 책을 읽고 참고하여서 적은 꿈을 이루어 가는 나의 신앙 지침 열 가지를 날마다 지키려고 노력하는 삶을 살아가고 있다. 그 열 가지를 소개하고자 한다. (에이브러햄 링컨, 워너 메이커, 스탠리 템 그분들의 삶을 다룬 책들을 읽고 참고하여서 나의 신앙 지침 열 가지를 적어 보았다.)

　〈꿈을 이루어 가는 나의 신앙 지침 열 가지〉

　하나. 나는 하나님 영광을 높이는 삶을 추구한다.

　둘. 나는 하나님의 뜻에 순종하는 삶을 위해 늘 노력하겠다.

　셋. 나는 감사하는 삶을 위해 늘 노력하겠다.

　넷. 나는 하루의 시작을 기도로부터 출발하겠다.

　다섯. 나는 주일을 거룩하게 지키며 예배 생활에 힘쓸 것이다.

　여섯. 나는 항상 하나님의 도우심을 의지할 것이다.

　일곱. 나는 형제를 사랑하고, 이웃을 사랑하라는 주님의 명령을 실천할 것이다.

여덟. 나는 하나님의 선한 사업 선교를 위하여 늘 힘쓸 것이다.

아홉. 나는 나의 자녀들이 하나님 말씀 중심의 삶을 살아가도록 늘 기도하겠다.

열. 나는 나를 통하여 많은 사람들이 예수님 믿는 마음이 들도록 하는 노력을 하겠다.

우리의 삶에서 하나님을 기쁘시게 하는 삶을 살아가기 위해서는 우리의 몸은 곧 성전이므로 우리의 삶 자체가 곧 예배인 영적 예배의 삶을 드리는 생활을 하여야 하겠다.

그리고 이 세대를 본받지 말고 마음을 새롭게 함으로 변화를 받는 삶을 살아야 하겠다. 또한 하나님의 선하시고 기뻐하시고 온전하신 뜻이 무엇인지 분별하는 삶을 살아야 하겠다.

그럴 때에 하나님을 기쁘시게 해 드릴 수가 있어서 우리들의 이 세상에서의 삶도 감사가 넘치고 천국 같은 삶을 영위할 수가 있겠다.

우리 모두 하나님을 기쁘시게 해드리는 삶을 통한 감격적이고 감동적인 삶이 날마다 일어날 수 있는 자가 되기를 소망해 본다.

5. 전능하신 하나님 아버지를 믿는 자는

어릴 때부터 공부를 할 때에 과학이라는 과목을 배운 적이 있다. 그리고 또 창조론과 진화론에 대해서도 배우고 또 시험을 칠 때는 그 교과서에서 배운 대로 답을 적어 내기도 하였다.

초자연적이지 않고 과학적 근거라는 말은 성경에 나오는 하나님께서 천지 만물을 창조하신 창조론과 예수님의 동정녀 탄생과 부활하심 등의 초자연적인 일 즉 하나님께서 간섭하시는 성령의 임재와 성령의 능력을 부정하고 그저 사람들의 경험과 지식에 근거를 둔다는 의미인 것이다.

하지만 성경에는 과학적이지 않고 초능력적인 일들이 수없이 많이 기록되어 있음을 우리는 볼 수가 있다.

예수님께서 수많은 병자들을 고치시는 일과 죽은 자를 살리신 일들 그리고 베드로가 앉은뱅이를 예수님의 이름으로 기도할 때에 나음을 받고 일어서는 일과 또 구약에는 모세를 통한 애굽 땅의 열 가지 재앙을 내린 일과 홍해가 갈라지는 일 등 수많은 초자연적인 기적의 사건들이 기록되어 있는 성경책을 우리는 매일 접하고 있다.

성경에 기록되어 있는 수많은 초자연적인 일들 가운데서도 우리들이 꼭 기억하고 또 그 사실들을 믿고 그리고 살아가면서 그 사실을 인정하고 받아들여야 하는 것이 있다. 전능하신 하나님 아버지를 믿는 자는 선택이 아니라 필연적으로 인정하고 받아들이는 믿음으로 살아가야 하겠다.

성령으로 잉태하여 동정녀 마리아에게서 나신 예수님을 인정하는 삶을 살아야 하겠다

성경 창세기에 보면 하나님께서 천지 만물을 창조하시고는 하나님께서 직접 흙으로 빚어서 만드신 아담과 그 아담의 갈비뼈를 취하여 하나님께서 만드신 하와가 첫 번째 사람들인 것을 우리는 잘 알고 있다. 그 이후에는 항상 남녀가 관계를 가지므로 자녀가 태어나게 되었으며 모든 사람들은 아담과 하와의 죄인 원죄를 태어날 때부터 가지고 태어나게 되어 있다.

하지만 하나님께서는 우리 사람들을 죄악 가운데서 구원해 주시기 위해서 하나님의 아들 예수 그리스도를 이 땅에 보내 주시었다. 그런데 아기 예수님은 인간의 원죄를 가지고 태어나지 않도록 하시기 위해서 비과학적이고 초능력적인 하나님의 방법으로 이 땅에 보내 주시었다.

마태복음 1장 18절
"예수 그리스도의 나심은 이러하니라 그의 어머니 마리아가 요셉과 약혼하고 동거하기 전에 성령으로 잉태된 것이 나타났더니"

 마리아는 요셉과 정혼하였으나 동거하지는 않았으며. 아기 예수님
은 정혼한 처녀인 동정녀에게서 탄생했다. 마리아의 잉태는 성령으로
이루어진 것이지 정혼자인 요셉에 의해서 된 것이 아니며 또한 어떤
다른 사람에 의한 것도 아닌 것이다.
 하나님께서는 우리에게 온전하신 구세주를 주시기 위하여 성령으로
잉태되게 하시어 예수님을 이 땅에 보내 주셨다.

 사도신경에 보면 "전능하사 천지를 만드신 하나님 아버지를 믿사오
며 그 외아들 예수 그리스도를 믿사오니 이는 성령으로 잉태하사 동정
녀 마리아에게 나시고"라고 되어 있다. 이와 같이 예수님의 탄생의 비
밀은 성령으로 잉태되어 동정녀에게서 태어나셨다는 것이다. 이것은
곧 과학적이지 않고 초능력적으로 세상의 어느 누구도 할 수 없는 일
이 일어난 것이다.
 우리는 이 사실을 인정하고 성경에 있는 그대로 믿어야 하겠다.
 신앙 생활을 잘한다고 하면서 또 하나님을 잘 믿는다고 하면서도 성
령의 능력을 부정하고 성령으로 잉태한 동정녀 마리아에게서 탄생하
심을 믿지 않는 신앙을 가져서는 아니 되겠다.

 우리는 성령의 능력을 인정하고 성령의 능력을 체험하는 신앙 생활
을 할 수 있는 삶을 살아가도록 하여야 하겠다.

성경에 있는 그 시대에만 성령의 능력으로 병 나음을 받고 성령의 능력으로 앉은뱅이가 일어서게 되는 기적이 있는 것이 아니라 지금 이 시대에도 성령의 능력으로 성령의 임재하심으로 우리들의 주변에는 많은 사람들이 병 나음을 받는 사람도 볼 수가 있고 또 우리들의 삶에도 성령의 능력으로 크게 변화되어 새사람이 되는 것을 볼 수가 있다.

성령의 능력과 임재하심은 시간과 장소와 거리를 초월하여서 나타남을 볼 수가 있다.

지구의 반대편에서 간절하게 기도할 때에 그 기도의 응답이 이루어질 때도 있다.

지금도 우리의 주변에는 전능하신 하나님의 손길이 미치어서 성령의 능력으로 병 고침을 받는 사람도 있고 또 여러 가지 일들이 성령의 임재하심으로 초능력적으로 이루어지는 일들이 일어남을 볼 수가 있다.

우리는 성령으로 잉태하여 동정녀 마리아에게 탄생하신 예수님과 성령의 능력으로 수많은 기적들이 일어남을 인정하고 우리도 그런 성령 체험의 삶을 살아갈 수 있는 우리들이 되어야 하겠다.

예수님의 빈 무덤의 사실과 부활하신 예수님을 믿는 삶을 살아야 하겠다

성인들이라고 하고 종교를 만든 다른 종교들과 예수님을 믿는 우리 기독교와 가장 큰 차이점이라고 하면 무엇일까? 일반 사람들의 눈으로 보기에 가장 큰 차이는 성인들의 무덤이다. 다른 성인들 모두가 무덤이나 기념비가 있으며 그곳을 수많은 사람들이 찾아서 아직도 그 죽은 자의 무덤을 보고 경배를 하고 있음을 볼 수가 있다. 그러나 예수님은 다른 성인들과는 다르게 무덤이 비어 있는 빈 무덤인 것이다. 그래서 그 빈 무덤을 보고 사람들이 경배를 하지는 않고 있다.

여기서 빈 무덤의 의미는 무엇일까?

인류의 모든 죄를 지시고 십자가에서 무한 고통을 당하시고 돌아가셨지만, 삼 일 만에 사망의 권세를 깨뜨리고 부활하셨기 때문에 무덤이 빈 무덤인 것이다.

요한복음 20장 11-14절

"마리아는 무덤 밖에 서서 울고 있더니 울면서 구부려 무덤 안을 들여다보니 흰 옷 입은 두 천사가 예수의 시체 뉘었던 곳에 하나는 머리 편에, 하나는 발 편에 앉았더라 천사들이 이르되 여자여 어찌하여 우느냐 이르되 사람들이 내 주님을 옮겨다가 어디 두었는지 내가 알지 못함이니이다 이 말을 하고 뒤로 돌이켜 예수께서 서 계신 것을 보았으나 예수이신 줄은 알지 못하더라 예수께서 이르시되 여자여 어찌하여 울며 누구를 찾느냐 하시니 마리아는 그가 동산지기인 줄 알고 이르되 주여 당신이 옮겼거든 어디 두었는지 내게 이르소서 그리하면 내가 가져가리이다 예수께서 마리아야 하시거늘 마리아가 돌이켜 히브리 말로 랍비오 하니"

이렇게 죽은 후 삼 일 만에 부활하신 예수님은 이 땅에 40일 동안 계시다 감람원이라는 동산에서 많은 제자들이 지켜보는 가운데 하늘로 올라가셨다. 고린도전서 15장에 보면 최소 500명 이상이 부활하신 예수님을 목격한 것으로 나온다. 그러므로 예수님께서 다시 살아나신 것은 누구도 부인할 수 없는 사실이다.

예수님의 빈 무덤은 부활의 가장 확실한 증거인 것이다. 그러므로 기독교는 다른 종교와 같이 그 종교의 창시자 성인의 무덤을 자랑하지 않는다. 왜냐하면 무덤이란 죽음을 상징하고 있다. 하지만 예수님의 빈 무덤은 사망 권세를 정복한 하나님의 아들에게는 필요 없기 때문이다. 오직 다시 부활하신 예수님을 우리는 찬양하고 경배하고 있는 것이다.

요한복음 6장 40절
"내 아버지의 뜻은 아들을 보고 믿는 자마다 영생을 얻는 이것이니
마지막 날에 내가 이를 다시 살리리라 하시니"

여기서 하나님 아버지께서는 예수님을 이 세상에 보내 주셨고 십자가에 죽으시고 삼 일 만에 부활하신 예수님을 믿는 자는 예수님과 똑같이 예수님 재림 시에 다시 살아나서 영원한 생명 즉 영생을 누리게 해 주신다는 것이다. 우리 믿는 자에게도 부활의 소망이 있게 해 주신 것이다. 죽어도 다시 살아나서 영원한 생명을 가질 수가 있다는 것이다.

예수님의 빈 무덤은 곧 부활이요 예수님의 부활은 곧 우리들의 부활을 의미한다. 우리 모두 부활의 소망을 가지고 이 세상에서도 믿음을 가지고 먼 훗날 저 천국에서 영원한 삶을 사모하는 삶을 살아갈 수 있는 우리들이 되어야 하겠다.

다시 오실 예수님 즉 재림해 오실 예수님을 기다리는 삶을 살아야 하겠다

살아가면서 누군가를 오랫동안 기다려 본 적이 있는가? 나는 24년 전에 미국으로 온 이후에 나의 어머니는 내가 한국 방문하는 것을 많이 기다리시어 어머니가 살아 계시는 동안에는 2-3년에 꼭 한 번씩 가족이 함께 한국을 방문한 적이 있다. 어머니는 아들과 아들의 가족을 보고 싶어서 기다리셨고 나는 또 어머니가 보고 싶어서 많이 기다렸던 기억이 난다.

누군가를 기다린다는 의미는 무엇을 의미할까? 기다린다는 것은 그 기다리는 사람이 보고 싶고 그리워한다는 의미일 것이다. 그리고 그 기다리는 사람을 사랑한다는 의미인 것이다.

전능하신 하나님 아버지를 믿는 우리 믿는 자들은 우리들의 가족을 보고 싶어서 기다리는 것뿐만 아니라 언젠가 다시 오실 예수님을 기다리는 삶을 살아가야 하겠다.

사도행전 1장 10-11절

"올라가실 때에 제자들이 자세히 하늘을 쳐다보고 있는데 흰 옷 입은 두 사람이 저희 곁에 서서 가로되 갈릴리 사람들아 어찌하여 서서 하늘을 쳐다보느냐 너희 가운데서 하늘로 올리우신 이 예수는 하늘로 가심을 본 그대로 오시리라 하였으니라"

예수님은 우리 믿는 자들에게 "하늘로 올리우신 이 예수는 하늘로 가심을 본 그대로 오시리라"라고 예수님은 약속을 하셨다.

그런데 언제 오실지는 성경 말씀 마가복음 13장 32절에서 "그러나 그 날과 그 때는 아무도 모르나니 하늘에 있는 천사들도, 아들도 모르고 아버지만 아시느니라"라고 한다.

예수님이 다시 오실 날은 아무도 모르고 오직 전능하신 하나님 아버지만 아신다고 하셨다. 그리고 예수님이 오시는 날은 "도적 같이 이르리니 어느 시에 네게 임할는지 네가 알지 못하리라"라고 요한계시록 3장 3절에 기록된 것을 볼 수 있다.

그래서 우리의 삶은 예수님께서 언제 어느 시에 오시더라도 예수님을 맞이할 마음의 준비를 하고 살아가야 하겠다. 영적으로 늘 깨어 있고 세상에서 구별된 삶을 살아야 하겠다.

세상적인 물질, 명예, 쾌락에 물들어 영혼이 병든 삶을 살지 않도록 늘 기도하며 예수님을 기다리고 사모하는 마음으로 살아가야 하겠다.

마태복음 24장 42절

"그러므로 깨어 있으라 어느 날에 너희 주가 임할는지 너희가 알지

못함이니라"

예수님께서 다시 오실 재림의 때를 기다리면서 예수님을 사모하고
사랑하는 마음으로 영적으로 늘 깨어서 기도하고 예배를 드리며 세상
적인 것과 구별된 삶을 살아가도록 하여야 하겠다. 그래서 예수님이
언제 어디에 오셔도 반갑고 기쁜 마음으로 예수님을 맞이할 수 있는
우리들의 삶이 되어야 하겠다.

5부

하나님께서 예비하신
축복을
누리는 삶

1. 좋은 터를 쌓아 참된 생명을

옛날이나 지금이나 어떤 집을 지을 때는 그 집이 위치할 터가 좋은지 나쁜지를 잘 고려하고 집을 짓게 되는 것을 볼 수가 있다. 만약에 집터가 모래 위에 있다면 바람 불고 비 오면 집이 쉽게 무너질 것이다. 그리고 집터가 너무 낮으면 비가 올 때마다 집에 물이 들어오는 것을 늘 염려하면서 살아가야 할 것이다. 그래서 사람들은 집을 짓기 전에 그 집터의 아래가 든든하게 된 땅인지 그리고 집터가 너무 낮지는 않은지 그리고 햇빛이 잘 들어오는 곳인지 고려하여서 집터를 결정하게 된다. 그리고 가능한 집터 뒤에는 산이 있고 앞쪽에는 강이나 호수나 바다가 보이는 남향 집터가 된다면 참으로 전망도 좋아서 선호하는 집터가 될 것이다.

그리고 집을 짓기 시작하면 비가 와도 집에 물이 들어오지 않게 집의 기초를 지면보다 돋우고 철골과 시멘트로 기초를 든든하게 해 놓고 그 위에 집을 짓되 가능한 남향으로 지어서 집 안에 햇빛이 들어오는 정도를 고려하여 집을 짓는 것을 볼 수가 있다. 특히 남향집을 짓는 것을 선호하는 이유로는 햇빛이 일정하게 긴 시간 동안 집안에 들어오기 때문에 집이 오랜 시간 밝고 겨울에는 햇빛으로 따뜻한 난방의 효과도 있기 때문이다.

현대사회에 와서는 집터를 결정하기 전에 고려할 사항이 더 추가가 되어서 집 주위에 고압선이 지나가지는 않는지 그리고 집터 주위에 쓰레기 매립장이 있지는 않은지를 고려해서 결정을 하는 경향이 있는 것을 볼 수가 있다.

이와 같이 좋은 집터를 잘 선택하는 것은 그곳에 집을 지어서 살아갈 때에 그만큼 그 집에서의 생활에 큰 영향을 주기 때문이라고 볼 수가 있겠다.

육신의 몸도 좋은 집터에 집을 짓고 좀 더 안락하고 평안한 집을 선호하고 있는 편이다. 그런데 우리의 영의 집터를 생각해 본 적이 있는가? 우리의 육신 외에 영적으로 마음적으로 정신적으로 이 세상을 살아가면서 꼭 좋은 집터가 필요할 것이다.

그리고 또 이 세상보다 저 천국에 많은 보화를 쌓아서 죽어서도 저 천국에서 영생을 누리는 삶을 살아가는 우리 믿는 자들이 되어야 하겠다.

디모데전서 6장 17-19절
"네가 이 세대에서 부한 자들을 명하여 마음을 높이지 말고 정함이 없는 재물에 소망을 두지 말고 오직 우리에게 모든 것을 후히 주사 누리게 하시는 하나님께 두며 선을 행하고 선한 사업을 많이 하고 나누어 주기를 좋아하며 너그러운 자가 되게 하라 이것이 장래에 자기를 위하여 좋은 터를 쌓아 참된 생명을 취하는 것이니라"

여기서 사도 바울은 믿음의 아들 디모데에게 편지를 쓰고 마무리 하면서 세상에서 재물이 우상이 되고 있는 현상을 보고 염려하면서 믿는 자로서 하나님의 자녀로서 이 세상을 어떻게 살아야 하는지에 대해서 아주 강조하는 말씀을 전하고 있다.

그리고 "장래에 자기를 위하여 좋은 터를 쌓아 참된 생명을 취하라"고 하고 있다. 장래에 좋은 터를 쌓고 참된 생명을 위하여 우리는 이 세상에서 어떻게 살아가야 할지를 알아보고자 한다.

모든 것을 후히 주시고 누리게 하시는 하나님께 마음을 두어야 하겠다

사람이 물질적으로 좀 부요해지거나 또 권력을 가지게 되면 모든 것이 자신의 힘으로 자신의 능력으로 된 것으로 생각하고 자신의 물질과 권력을 자랑하고 싶어지고 그 물질과 재물을 함부로 남용하는 경향이 있기 때문에 사도 바울은 마음을 높이지 말고 정함이 없는 재물에 소망을 두지 말라고 하고 있다.

우리들의 능력으로 부자가 되었다고 할지라도 그렇게 되게끔 해 주시고 능력 주시는 분은 오직 하나님이심을 꼭 알아야 하겠다.

세상에서 돈 많은 부자라고 해서 다 행복한 것은 아닌 것이다. 물론 물질이 많으면 좀 더 풍요롭게 살 수는 있겠지만 그 물질을 관리하기 위한 스트레스도 올 수가 있고 또 가족 형제자매 간에 서로 많이 가지려고 싸우는 경우도 세상에서는 많이 볼 수가 있다.

주위에 물질을 많이 가지려고 열심히 일하는 사람들을 많이 볼 수가 있다. 자신의 건강과 마음의 여유도 없이 그저 그 물질을 좇아서 매일 매일 다람쥐 쳇바퀴 돌아가듯이 하루하루 전쟁하듯이 살아가는 사람들을 볼 수가 있다.

물론 의식주의 해결을 위해서 열심히 일을 하고 물질을 모아야 하겠지만 너무 마음의 여유가 없이 일만 하는 사람들을 보면 많이 안타깝고 아쉬운 마음이 든다.

아무리 바쁘고 힘들어도 매일의 삶에 자신을 돌아보고 마음의 여유를 가지고 꼭 하나님과의 만남의 시간을 가지고 살아가야 하겠다. 마음이 하나님과 함께하지 않고 그냥 재물만 좇거나 또 다른 어떤 것만 따라 살아간다면 그 삶은 참으로 공허한 삶이 될 수도 있다.

신명기 8장 17-18절

"네가 마음에 이르기를 내 능력과 내 손의 힘으로 내가 이 재물을 얻었다 말할 것이라 네 하나님 여호와를 기억하라 그가 네게 재물 얻을 능력을 주셨음이라"

그러니 마음에 하나님을 멀리하지 않고 교만하지 말고 부유함을 주시는 하나님을 꼭 기억하면서 날마다 하나님께 먼저 마음을 두는 삶을 살아가야 하겠다.

성경 말씀에 "정함이 없는 재물에 소망을 두지 말라"라고 하고 있다. 재물뿐만 아니라, 재물을 비롯하여 권력과 명예와 지식 등을 포함하는 것에만 소망을 두면 언젠가는 실망하게 되는 것이다. 그러니 모든 것을 주시는 하나님께 먼저 소망을 두고 살아가야 하겠다. 삶의 우선순위를 어디에 두고 살아가느냐의 관점이다.

살아가면서 세상적인 그 어떤 것보다도 마음에 하나님을 사랑하고 하나님을 경외하는 마음으로 매일 하나님을 만나는 시간을 가지고 하나님은 항상 나와 함께하심을 인정하고 그분께 맡기고 그분의 능력을 믿고 살아가야 하겠다. 그럴 때에 마음에 평안이 오고 이루고자 하는 꿈도 하나님과 함께 이루어져 가는 것임을 명심하고 늘 하나님을 마음의 중심에 모시고 하나님과 함께하는 하는 삶으로 날마다 승리하는 삶이 되기를 소망한다.

선을 행하고 선한 사업을 많이 하여 나누어 주기를 좋아하라

젊을 때 돈을 많이 벌려는 목적을 어디에 두고 살아왔으며 또 나이가 들어서 벌어 놓은 돈을 어떻게 사용할지를 생각해 보았는가? 나도 젊을 때는 우선 가족을 부양하고 자녀들 교육을 시켜야 한다는 책임감을 가지고 아무 생각없이 열심히 일만 하며 살아왔던 것 같다. 그나마 힘들게 열심히 일을 하며 살아오면서도 지금까지 하나님과 함께하였음이 감사이고 또 자녀들에게 남을 돕는 마음을 심어 주기 위해서 세 자녀들이 중고등학교 대학 졸업 때까지 월드 비전 어린이 돕기를 자녀들과 함께할 수 있었음이 참으로 감사한 마음이 든다. 또 사업을 하면서도 사업의 목적을 하나님 영광을 높이는 삶을 위한 것에 두고 선교

지원하는 일에 마음을 두고 살아왔음에 참으로 감사하고 행복하다.

천국에 소망을 두는 사람은 하늘나라에 보화를 쌓는다는 말이 있듯이 성경 말씀 마태복음 6장 20절에 예수님께서 말씀 하시기를 "오직 너희를 위하여 보물을 하늘에 쌓아 두라 거기는 좀이나 동록이 해하지 못하며 도둑이 구멍을 뚫지도 못하고 도둑질도 못하느니라"라고 하셨다. 우리 믿는 성도들은 하늘에 보화를 쌓는 거룩한 부자가 되도록 늘 노력하며 살아가는 자가 되어야 하겠다.

디모데전서 6장 18절
"선을 행하고 선한 사업을 많이 하고 나누어 주기를 좋아하며 너그러운 자가 되게 하라"

우리의 재물을 가지고 부족한 가운데서도 가능한 선을 위해서 사용하고 나보다 못한 불쌍한 이웃에게 조금이라도 도움이 되게 나누어 주는 삶을 살아가는 자들이 되기를 사도 바울은 편지를 통하여 디모데에게 이야기하고 있다.

사도 바울이 편지로 글을 쓴 성경 구절은 현대 시대에 우리 들에게도 똑같이 이야기해 주는 말씀인 것이다.

누군가가 재물이 많으면 걱정과 염려가 한 짐이요, 부족한 가운데서도 누군가에게 나누어 주고 도움을 주는 마음이 부자이면 행복이 한 아름이라고 할 수가 있다. 걱정과 염려보다는 행복을 원한다면 나누어 주기를 좋아하고 너그러운 자가 되어야 할 것이다.

진정한 부자는 돈만 잘 버는 사람만이 아니다. 정직하고 정당하게 벌어들인 돈을 잘 사용하는 자가 진정한 부자라 할 수 있다.

진정한 행복을 원한다면 자신이 가지고 있는 재물과 재능을 꼭 쥐고 나 자신만을 위해서 사용하는 것이 아니라 참으로 힘들고 어렵고 불쌍한 이웃과 필요로 한곳에 선하게 사용하고 베푸는 삶을 살아가면 진정한 행복한 마음을 느낄 수가 있을 것이다. 그리고 장래를 위해서 좋은 터를 쌓는 자가 될 수가 있는 것이다.

> 디모데전서 6장 19절
> "이것이 장래에 자기를 위하여 좋은 터를 쌓아 참된 생명을 취하는 것이니라"

여기서 장래라는 표현은 이 세상에서의 장차 다가올 미래와 죽어서 전 천국에서의 삶 두 가지를 다 이야기한다고 볼 수가 있다. 그리고 "좋은 터를 쌓아"라는 표현은 반석 위에 집을 짓는 것과 같으며 그래서 기초가 튼튼하여서 마태복음 7장 27절 말씀과 같이 "비가 내리고 창수가 나고 바람이 불어 그 집에 부딪치되 무너지지 아니하는" 튼튼한 집이 되어서 하나님의 사랑과 은총을 누리게 되는 것을 말한다.

그리고 재물에 소망을 두지 말고 늘 마음을 하나님을 향하고 선한 일을 하고 남들에게 나누어 주기를 좋아하는 자들은 참된 생명을 얻는 자가 되는 것이다.

참된 생명은 천국에서 영원한 생명을 누리는 것이며, 또한 세상에서 아름답고 행복한 삶을 살아가는 모습을 말하는 것이다. 선한 일을 하는 것은 곧 인생을 즐기고 행복을 나누는 삶을 살아가는 자들이다. 또 장래가 밝고 미래에 비전이 있는 삶을 살아가는 자들인 것이다. 그래서 좋은 터를 쌓는 게 아주 중요하다고 볼 수가 있겠다. 우리 모두 좋은 터를 쌓아서 장래에 참된 생명을 얻어 축복된 삶을 영원히 누리는 삶이 되도록 해야 하겠다.

2. 여호와를 경외하고 그의 길을 걷는 자의 복

    사람은 누구나 태어나서 자라면서 무서워하고 두려워하는 그 누군가가 있었을 것이다. 또 누군가를 참으로 존경하는 사람이 각자의 마음속에 간직하고 또 말로 존경한다고 표현을 하기도 하면서 살아가고 있다.

    살아가면서 누구를 제일 두려워해 보았고 또 지금 누구를 가장 두려워하며 살아가고 있는가?

    현대사회는 아버지가 자상하고 또 친근한 느낌이 많겠지만 내가 어릴 때만 해도 아버지는 위엄이 있고 가부장적인 제도로 엄격하여서 늘 두려운 분이었던 기억이 난다.

    시편 128편 1절에 "여호와를 경외하며"라고 기록되어 있다. 경외한다는 표현은 영어로는 FEAR라고 사용되어 있으며 두려워한다는 의미이다.

    우리가 살아가면서 하나님을 두려워하는 마음으로 자신이 하고 있는 일이 공의로운가 정의로운가 정직한가 진실한가 등으로 스스로 마음에 양심적으로 늘 옳은 길로 갈려는 마음으로 그리고 기본을 지키면서 살아가는 자는 복이 있다고 한다.

경외한다는 의미는 꼭 두려워하는 마음만이 전부가 아니다. 두려워하면서 또 존경하고 존중하는 마음과 사랑하는 마음이 함께하는 것이 경외하는 마음이라고 볼 수가 있다. 그래서 '하나님을 경외하는 마음을 가지고 하나님의 길을 가는 자는 복이 있도다'라고 하였다.

여기서 여호와의 길이란 무엇을 의미할까?

사무엘하 22장 31절
"하나님의 길은 완전하며 여호와의 말씀은 진실하시다"

완전하고 진실하신 하나님의 말씀이 곧 길인 것이다. 또 예수님께서도 말씀하신다. "내가 곧 길이요 진리요 생명이니"라고 요한복음 14장 6절에 기록되어 있다. 그러니 길이란 하나님의 말씀이요 성자의 하나님 예수님이 곧 길이다.

"하나님을 경외하고 그리고 그의 길을 가는 자는 복이 있다"라고 시편 128편에서 말씀하신다. 이 시편에서 하나님을 경외하고 그의 길을 가는 자에게 주실 것을 우리들에게 약속해 주신 그 복들을 알아보고자 한다.

수고한 대로 먹고 형통한 복

우리는 젊을 때부터 나이가 든 노년에 이르기까지 열심히 일을 하며 살아왔다. 농부는 열심히 농사를 짓고 어부는 배를 타고 바다에 나가서 열심히 물고기를 잡으며 살아가고 있다. 그리고 또 열심히 공부하여서 직장을 구하여서 직장 생활을 하기도 하고 또 자신의 사업을 운영하기도 한다.

이렇게 여러 가지 종류들의 직업들이 있으며 우리들은 그 많은 직업들 중에서 살아오면서 최소한 한두 가지의 직업을 가지고 살아가고 있으며 또 그렇게 살았을 것이다.

나는 직장 생활을 약 18년 5개월 하였으며 그리고 또 개인 사업을 약 20년째 하고 있는 중이다. 열심히 일한 만큼 그 수입이 나올 때도 있었고 그렇지 않을 때도 있었던 기억이 난다. 열심히 일을 하였지만 나중에 보면 그 결과는 적자일 때도 있고 또 열심히 하였지만 매년 비슷함에 낙심할 때도 있었던 때가 있었다.

> 시편 128편 1-2절
> "하나님께서는 하나님을 경외하고 그의 길을 걷는 자마다 네가 네 손이 수고한 대로 먹을 것이라 네가 복되고 형통 하리로다"

우리가 일하여서 수고한 대로 먹으리라는 그 말씀이 나는 참으로 마음에 와닿고 감사한 하나님의 축복이라는 생각을 하게 된다. 일을 할 때에 사람도 두려워해야겠지만 하나님께서 항상 바라보고 계심을 마음에 두고 늘 진실되고 올바르게 살아가려는 마음으로 일을 하고 또 하나님을 사랑하고 존경하는 마음으로 하나님께서 기뻐하시고 좋아하시는 일들을 한다면 우리들의 삶이 곧 복인 것이다.

복이라고 해서 돈을 많이 벌어서 부자가 된다거나 공부를 많이 해서 학식이 있다거나 권력과 명예가 있어서 높아지거나 그런 세상적인 것은 일시적인 것에 불과하다. 그러나 하나님을 경외하고 그의 길을 가는 자 곧 말씀 가운데 살아가는 자는 하나님께서 주시는 진정한 축복 속에서 살아갈 수가 있는 것이다.

내가 일한 대로 먹고 마시며 하나님께서 주시는 형통의 축복을 가지고 살아갈 수가 있는 것이다. 형통이란 나의 생각과 나의 욕심을 위한 형통이 아니라 하나님의 생각과 하나님의 마음에 흡족한 것이 곧 나에게 형통한 것이 될 때가 가장 큰 축복인 것이다.

일한 것에 비해서 너무 많이 받은 것 같으면 그것을 가지고만 있지 않고 하나님 기뻐하시는 일들을 위해서 필요한 곳에 기쁜 마음으로 나누고 베푸는 삶을 살아가는 자가 바로 하나님께서 주시는 진정한 복을 누리는 삶을 살아가는 자들이다.

하나님은 수고한 대로 먹을 것이라고 하셨다. 우리가 살아가기 위해서는 음식을 먹고 물을 마시며 그 외에는 그렇게 많이 필요한 것은 아니다. 그저 살아갈 집이 있고 입을 옷이 있으면 되는 것이다. 그 이상으로 더 많이 가지려고 하는 마음이 있으면 그것은 곧 욕심인 것이다.

마음에 큰 욕심을 가질 때는 곧 불행이 찾아오기 마련이다.

그러니 우리들의 삶이 하나님을 경외하는 마음으로 오직 그의 길을 걷는 자가 되어서 그저 수고하고 일한 대로 먹을 수 있고 그리고 하나님 말씀 가운데로의 삶으로 형통하다면 그게 가장 큰 축복임을 알고 평범한 삶 가운데 항상 감사한 삶을 살아가는 자가 되어야겠다.

행복한 가정의 복

시편 128편 3절에 보면 하나님을 경외하고 그의 길을 가는 자는 "네 집 안방에 있는 네 아내는 결실한 포도나무 같으며 네 식탁에 둘러 앉은 자식들은 어린 감람나무 같으리로다"라고 기록되어 있다.

"아내는 결실한 포도나무 같으며"라고 표현하였다. 왜 아내는 포도나무 같다고 하였을까?

포도나무는 구부러져 어떤 목재로써 전혀 사용할 수 없으며 단지 불을 땔 때만 사용할 수가 있다. 나무 자체는 아무 소용이 없는 것이다. 그런 나무이지만 포도나무에서 나오는 열매인 포도는 많은 사람들에게 귀하게 사용된다. 포도나무가 열매를 많이 맺기 위해서는 해마다 가지치기를 하여서 나무의 뿌리와 원둥치만 남기도 가지들을 다 잘라내어 주면 다시 새로운 가지가 나오면서 많은 열매를 맺는 나무가 포도나무인 것이다. 그리고 포도나무는 열악한 환경 가운데서도 뿌리를 깊이 내리면서 잘 자라서 많은 열매를 맺는 나무이다.

시편 128편 말씀에 "네 아내는 결실한 포도나무 같다"고 하였다. 가정의 아내 즉 자녀의 어머니는 결실한 포도나무 같다는 것이다. 어머니는 가정에서 자녀들을 위해서 많은 희생과 헌신을 하신 분이시다. 즉 포도나무가 열매를 많이 맺기 위해서 매년 가지들을 다 잘라 내듯이 어머니는 자녀들을 위하여 자신이 먹고 싶고 입고 싶은 것들도 다 뒤로하고 오직 자녀들이 잘되도록 하기 위해서 그리고 가정의 안정과 번영을 위해서 늘 노력하는 자가 바로 아내요 어머니이시다. 하나님을 경외하고 그의 길을 가는 자는 그의 아내가 결실한 즉 많은 포도 열매를 맺은 포도나무와 같이 된다고 한다. 즉 그 가정의 번영을 그리고 안정을 이룰 수가 있다는 것이다.

그리고 자식들은 "어린 감람나무 같으리로다"라고 하였다. 성경의 식물 올리브나무 즉 감람나무의 특징을 하나님의 교회 지식 사전을 참조하여 알아보면 다음과 같다.

"감람나무는 올리브 나무를 말하며, 감람나무는 약 10-15년 정도는 지나야 열매를 맺기 시작하며 30년은 지나야 열매다운 열매를 많이 맺는다고 한다. 열매를 많이 맺는 올리브나무는 큰 복과 평화를 상징하고 있다. 그리고 감람나무 열매인 올리브에서 짜낸 기름은 식용으로 그리고 의약품으로 사용된다. 그리고 미용으로 또 등유로 사용되기도 한다. 감람나무의 웅장함과 1년에 한 나무에서 약 130킬로그램의 풍성한 열매를 맺는 의미는 하나님으로부터 오는 축복과 평화를

상징한다. 어린 감람나무의 미래는 여러 가지 어려움과 힘드는 과정
이 있겠지만 농부의 헌신과 희생으로 잘 자라서 많은 열매를 맺고 세
상에서 크게 쓰임을 받는 것이다."

하나님을 경외하고 그의 길을 가는 자는 그의 자식들이 어린 감람나
무같이 앞으로 많은 열매를 맺고 세상에서 크게 쓰임을 받아서 하나님
영광을 드높이는 자녀들이 되는 것이다. 이렇게 하나님을 경외하고 그
의 길을 가는 자의 가정은 아내는 결실한 포도나무요 자녀들은 어린
감람나무같이 한 식탁에 둘러앉아서 식사를 같이하는 가정은 바로 행
복한 가정의 축복을 받은 가정인 것이다.

하나님의 복을 너무 먼 곳에서 찾으려고 하지 말아야 하겠다. 그저
현재의 가정에서 현재의 환경에서 자녀들과 잘 소통하고 멀리 떨어져
있으면 자주 연락을 주고받고 가까이 있으면 자주 한 식탁에서 함께
식사하며 하나님을 경외하고, 사랑하고 하나님의 말씀 가운데 살아가
는 것이 바로 그 가정의 행복인 것이다. 이와 같은 하나님의 축복을 잘
누릴 수 있는 우리 모두의 가정들이 되기를 소망해 본다.

자식의 자식을 보는 평강의 복

나는 집 뒤뜰에 사막 거북이를 키우고 있다. 약 10년 전에 지인으로
부터 암수 두 마리를 분양 받아서 두 마리로 시작한 거북이가 매년 아
기 거북이가 탄생하여서 지금은 15마리가 되었다. 그런데 큰 거북이는

손바닥 두 개 정도이지만 아기 거북이는 엄지손가락 반 정도로 아주 작아서 아주 귀엽게 느껴진다. 거북이는 주로 로메인, 케일, 선인장 잎 같은 것을 좋아해서 집에서 직접 재배해서 주고 있다.

나에게 아무것도 해 주는 것은 없는 거북이지만 매일 먹을 것을 챙겨 주고 돌보면서 나는 거북이의 삶을 통해서 여러 가지 교훈도 받게 되어서 참으로 좋다. 그런데 거북이가 아직도 그냥 분양 받았을 때와 같이 어른 거북이 두 마리로 있었다면 그렇게 흥미를 못 느꼈을 것 같다. 하지만 매년 평균 2-3마리의 아기 거북이가 태어날 때마다 참으로 많은 기쁨과 즐거움을 주는 것을 느끼고 있다. 내가 키우는 거북이가 매년 아기 거북이가 태어남에 기쁘고 즐거운데 우리 사람의 경우에도 자녀가 장성하여서 결혼을 하게 되고 다시 또 손주가 태어나고 하는 과정을 지켜보는 부모의 마음은 참으로 기쁘고 좋을 것이다.

시편 128편 6절
"네 자식의 자식을 볼지어다 이스라엘에게 평강이 있을지로다"

하나님을 경외하고 그의 길을 걷는 자마다 즉 하나님을 두려워하는 마음으로 살아가고 하나님을 사랑하고 하나님을 기쁘시게 하고 또 하나님의 말씀을 따라 살아가는 자에게는 자식의 자식을 보게 된다는 약속을 해 주시었다. 이 얼마나 하나님의 크신 축복인지. 세상적인 물질, 권력, 명예보다도 자식의 자식을 볼 수 있는 복이 참으로 큰 축복인 것이다.

그리고 "이스라엘에 평강이 있을지로다"라고 했다. 즉 너의 가정에 평강이 있을 것이라는 약속이다. 가정에 금은보화가 아무리 많아도 그리고 자녀가 아무리 많아도 서로 싸우고 평강이 없다면 아무 쓸데가 없는 것이다.

잠언 17장 1절
"마른 떡 한 조각만 있고도 화목하는 것이 제육이 집에 가득하고도
다투는 것보다 나으니라"

그렇다. 많은 재물을 가지고 많은 자녀를 가지고도 그 재물을 서로 가지려고 서로 싸우고 다투는 가정보다는 비록 떡 한 조각밖에 없는 가난한 가정일지라도 서로 화목하고 평강이 넘치는 가정이 진정 복된 가정인 것이다.

하나님을 경외하고 그의 길을 따르는 자에게 약속한 것이 여러 가지가 있다. 수고한 대로 먹고 또 형통한 복을 주신다고 하였다. 그리고 아내는 결실한 포도나무 같고 식탁에 둘러앉은 자식들은 감람나무 같아서 행복한 가정의 복을 주신다는 약속을 하셨다. 그리고 마지막으로 자식에 자식을 보게 되고 가정에 평강이 넘치는 복을 주신다고 하신다.

우리는 믿음 생활하면서 너무 세상적인 복을 따라 살아가는 믿음 생활을 하지 않아야 하겠다. 세상적인 물질과 명예와 권력을 따르기보다는 하나님께서 주시겠다는 복, 즉 그저 수고한 대로 먹고 가정이 형통

하며 비록 부족한 가운데서도 가정의 부모와 자녀와 온 가족이 평안하게 평강을 누리는 삶이 진정한 하나님의 축복임을 깨닫고 우리의 일상에서 항상 감사하는 삶을 살아갈 수 있는 자가 되기를 소망해 본다.

3. 축복의 통로가 되는 가정

이 세상의 모든 어머니는 참으로 위대하신 분이다. 우리 모든 자녀들은 어머님들께 감사의 박수를 쳐 드려야 한다. 어머니가 위대하신 분이라고 한 이유는 이 세상의 모든 자녀들은 어머니가 낳아 주셨다. 그리고 어머니는 낳은 자식들을 위해서 정말 혼신의 힘을 다해서 키워 주셨다. 날마다 기도하며 그 자식들이 잘되기를 위해서 모든 희생을 감수하셨다. 이러한 어머니에게 우리가 박수를 드리지 않을 수가 없는 이유인 것이다. 아직까지 부모님이 살아 계시고 어머님이 함께 이 세상에 계시는 분들은 참으로 행복한 사람들이라고 이야기하고 싶다.

그렇게 위대한 어머니와 함께 대화를 할 수 있고 방문하여서 얼굴을 뵐 수 있다는 자체가 행복이다. 그러니 살아 계신 부모님이 이 땅에 함께 계실 때에 좀 더 자주 전화드리고 좀 더 자주 찾아 뵙는 자들이 되어야 하겠다.

결혼한 부부가 자녀를 낳고 그 자녀가 또 결혼하여서 자녀를 낳아서 손주들을 할머니 할아버지와 자주 통화하게 해드리고 자주 만날 수 있는 믿음의 아름답고 행복한 가정을 만들어 가는 꿈을 꾸며 우리는 살아가고 있다. 이러한 가정이 대대로 하나님께서 예비하신 많은 축복을 누리는 축복의 통로가 되는 가정이 되기 위해서는 우리는 어떻게 살아가야 할지를 성경 말씀을 통해서 알아보고자 한다.

축복이라는 단어를 한자로 살펴보면 '빌 축'에 '복 복'을 사용한다. 즉 복을 빌어 준다는 뜻으로 세상에서 사용되고 있다. 하지만 성경이 말하는 축복은 하나님을 경배하고 모든 것을 하나님께 맡기어 하나님의 백성이 되는 것을 말한다. 즉 하나님의 백성이 된다는 것은 하나님의 자녀가 된다는 뜻이며 하나님의 자녀가 되어서 하나님께 모든 것을 맡기면 나의 아버지이신 하나님께서 예비하신 축복을 내리어 주신다고 보면 된다.

물은 항상 위에서 아래로 흐르는 게 자연의 원리이다. 깊은 산골짜기의 나무에서 나온 물은 산 아래로 흐르면서 시냇물이 되고 다시 흘러서 강물이 되어서 결국은 한없이 넓고 큰 바다에서 바닷물 한 공동체를 이룬다.

만약에 깊은 산속의 물이 내려오다가 큰 바위가 가로막거나 큰 뚝이 가로막으면 그물은 시냇물, 강물이 되지 못하고 그냥 땅속으로 스며들어 버리거나 고여서 썩어가는 물이 될 수가 있다. 물줄기를 터기 위해서는 통로를 만들어 주어야 한다. 큰 바위도 큰 뚝도 제거해 주고 확터 주어야 물이 위에서 아래로 잘 흘러갈 수가 있는 것이다.

하나님의 축복도 항상 위에서 아래로 즉 하나님으로부터 우리 사람들에게 내려오는 것이다. 그런데 그 축복의 통로가 막히고 얽히면 하나님의 축복은 그 사람에게 전달되지 못하고 그냥 그대로 있게 된다. 우리는 축복의 통로를 터주는 사람들이 되어야 하겠다. 그래서 나의 세대와 자녀 그리고 자손 대대로 하나님께서 예비하신 그 축복을 받아 누릴 수 있는 축복의 통로가 되어야 하겠다.

그래서 우리가 어떻게 살아갈 때에 그 하나님께서 예비하신 축복을 받으면서 축복의 통로가 될 수 있을지를 성경 말씀을 통하여서 알아보고자 한다.

기쁨으로 여호와를 섬기고 여호와는 나의 하나님이심을 아는 가정

시편 100편은 다윗이 지은 감사의 시이다. 다윗은 하나님, 아담, 노아, 아브라함, 다윗, 예수님의 계보를 잇는 이스라엘의 2대 왕이었다. 그 다윗이 우리의 창조자이시고 우리들에게 선하심과 인자하심을 영원토록 베푸시는 하나님께 기쁘고 즐거운 마음으로 하나님께 찬양과 감사하며 살아가기를 바라는 마음으로 지은 시이다. 그래서 이 시는 예배하기를 원하는 사람들이 감사의 예물을 가지고 성전문을 통과할 때 부르는 감사의 노래로 사용된 시이다.

이 시편 100편의 시는 주로 감사의 설교 제목에 많이 인용되는 편이다. 성경은 성령의 감동으로 하나님께서 사람을 통하여서 지으신 것이므로 하나님께서 다윗을 통하여 오늘날 우리들에게 주시는 메시지가 여기에 있다고 할 수가 있겠다.

찬양과 감사의 시를 통해서 우리들에게 주시는 하나님의 축복의 메시지를 알아보고자 한다.

시편 100편 1-2절
"온 땅이여 여호와께 즐거운 찬송을 부를지어다 기쁨으로 여호와를
섬기며 노래하면서 그의 앞에 나아갈지어다"

우리가 살아가면서 자신도 모르게 흥얼거리면서 노래가 마음속에서 나와서 혼자 부르는 경우가 종종 있을 것이다. 어떤 때에 자신도 모르게 흥얼거리는 노래가 나오게 될까?

슬프고 힘들고 역경에 처했을 때일까? 아니다. 이럴 때는 노래가 아니라 한숨이 나오게 되어 있다. 그러나 뭔가 기쁘고 감사할 일이 있거나 내 마음이 평안한 마음이 들어서 행복한 느낌이 들 때에 자신도 모르게 흥얼거리는 노래가 나오는 것이다.

하나님께서는 기쁜 마음으로 하나님을 찬양하기를 그리고 기쁨으로 하나님을 섬기라고 하신다. 우리가 무엇을 하든 기쁘고 감사한 마음으로 할 때에 삶이 더욱 즐거워지고 모든 일들이 잘 풀릴 것이다.

예배를 드릴 때도 억지로 시간을 내어서 마지못해 하는 것이 아니라 진정으로 내 마음에서 기쁨이 있고 감사하는 마음을 가지고 하나님을 찬양하면서 말씀을 들으면서 예배를 드리는 것이 곧 하나님을 섬기는 마음이라고 할 수가 있겠다.

시편 100편 3절

"여호와가 우리 하나님이신 줄 너희는 알지어다 그는 우리를 지으신
이요 우리는 그의 것이니 그의 백성이요 그의 기르시는 양이로다"

천지 만물을 지으시고 우리를 지으신 분이 곧 하나님이심을 우리는
인정해야 한다. 그러니 우리는 하나님의 양이고 하나님은 우리의 목자
이심을 알고 우리들의 삶에 있어서 항상 하나님은 나의 아버지이시고
목자이심을 믿고 매사에 기도하고 하나님께 맡기는 삶을 살아가야 하
겠다.

그럴 때에 우리의 아버지이시고 목자이신 하나님께서 양들인 우리
들을 푸른 초장과 쉴 만한 물가로 잘 인도해 주실 것으로 믿는다.

시편 144편 15절

"이러한 백성은 복이 있나니 여호와를 자기 하나님으로 삼는 백성은
복이 있도다"

하나님을 바르게 섬기고 바르게 믿으면 하나님께서는 우리들에게
지혜와 능력을 주시고 성령의 감동을 주시므로 우리들의 삶에 변화가
생기게 된다. 우리는 하나님의 백성이요 자녀이다. 그러니 하나님을
나의 주인으로 섬기는 자들이 바로 우리들이다. 하나님을 섬기는 올바
른 신앙을 가지고 하나님을 찬양하고 감사하는 마음으로 살아갈 때에
하나님께서 우리들의 삶을 늘 주장하시고 간섭하시고 섭리해 주심으
로 하나님의 사랑과 은혜를 누리는 삶으로 살아갈 수가 있는 것이다.

그것이 곧 하나님의 축복이다.

감사하며 여호와를 송축하는 가정

시편 100편 4절
"감사함으로 그의 문에 들어가며 찬송함으로 그의 궁정에 들어가서
그에게 감사하며 그의 이름을 송축할지어다"

세상을 살아가면서 늘 감사하며 살아갈 수 있다면 참으로 좋을 것이다. 하지만 현실은 그렇지 못한 경우가 많은 것을 우리는 잘 알고 있다.

그렇지만 성경 말씀에는 '감사와 찬송을 하면서 하나님께 감사하고 하나님을 송축할지어다'라고 한다.

'송축한다'의 송축의 의미를 알아보면 영어로는 Bless the Lord와 praise the Lord란 말로 찬송하고 축하드리는 뜻을 송축으로 표기한 것으로 볼 수 있다.

우리는 어떠할 때에 하나님께 감사가 나오고 송축할 수 있을까? 많은 재물과 풍성할 때에만 감사가 나오고 어렵고 힘들 때는 감사가 잘 나오지 않는 게 일반적인 사람들의 삶의 모습일 것이다.

하박국 3장 17-18절
"비록 무화과나무가 무성하지 못하며 포도나무에 열매가 없으며 감

람나무에 소출이 없으며 밭에 먹을 것이 없으며 우리에 양이 없으며 외양간에 소가 없을지라도 나는 여호와로 말미암아 즐거워하며 나의 구원의 하나님으로 말미암아 기뻐하리로다"

하박국 3장 말씀과 같이 무화과나무가 무성하지 못하고 포도나무에 열매가 없어도 감람나무에 소출이 없어도 밭에 먹을 것이 없고 우리에 양이 없고 외양간에 소가 없을지라도 우리의 구원자이신 성부의 하나님, 그리고 성자의 예수 그리스도 한 분만으로 늘 기뻐하고 즐거워하며 감사할 수 있음이 바로 진정한 축복이다.

그러니 우리는 건강하게 매주 교회에 가서 예배를 드릴 수 있거나 또는 형편이 여의치 않아서 온라인으로 예배를 드릴지라도 성부, 성자, 성령의 하나님을 늘 찬양하고 그분께 감사하는 삶을 살아갈 수 있는 마음이 우리들 마음에 함께한다면 그것이 곧 축복인 것을 우리는 알아야 하겠다.

축복의 통로가 되는 가정

시편 100편 5절
"여호와는 선하시니 그의 인자하심이 영원하고 그의 성실하심이 대대에 이르리로다"

하나님의 선하심과 인자하심 그리고 성실하심이 우리들에게 미치는 복이 진정한 축복이다. 선하신 하나님은 우리의 목자가 되시어 우리들에게 부족함이 없게 하시고 쉴 만한 물가로 인도하시고 계신다. 그리고 생명의 길로 인도하신다.

하나님 아버지는 인자하신 분이시다. 그래서 때로는 하나님의 은혜를 잊고 죄를 짓고 살아가지만 누구나 회개하면 용서해 주시고 하나님의 자녀로 받아 주시는 분이시다.

하나님 아버지는 신실하신 분이시기에 하나님께서 약속하신 것은 영원히 변함이 없으시다. 그래서 구약 시대 때부터 약속하신 모든 일들을 신약 시대에 이루어 주셨고 지금도 우리들의 삶에 늘 간섭해 주시고 섭리해 주시고 임재하시는 하나님이시다.

하나님께서 우리들에게 선하시고 인자하심이 영원하고 하나님의 성실하심이 자손 대대로 이르시게 해 주시는 것이 진정한 큰 축복이다.

우리들의 삶이 기쁨으로 여호와를 섬기고 여호와는 나의 하나님이심을 아는 가정이 되어야 하겠다. 그리고 항상 감사하며 여호와를 송축하는 가정이 될 때에 하나님 아버지의 선하시고 인자하심 그리고 성실하심이 우리들의 가정에 자손 대대로 이르게 해 주실 것으로 믿는다.

그리고 하나님의 축복을 받으며 살아가고 또 자손 대대로 축복의 통로가 되기를 원한다면 십계명에 나와 있는 출애굽기 20장 6절의 성경 말씀을 꼭 지키며 살아가야 하겠다.

"나를 사랑하고 내 계명을 지키는 자에게는 천 대까지 은혜를 베푸느니라"

우리들의 삶이 하나님께서 주신 계명들을 잘 지키면서 하나님을 사랑하고 하나님을 경외하는 삶을 살아갈 때에 하나님의 크신 사랑과 은혜가 자손 대대로 이르게 해 주시어 천대까지 이르게 하신다고 약속하신 하나님의 말씀을 꼭 기억하고 그렇게 살아갈 수 있는 우리들이 될 때에 곧 하나님의 축복의 통로가 되는 가정이 되는 것이다.

최근에 읽은 전대진 작가가 쓴 책《하나님 저 잘 살고 있나요?》에 이런 글이 있다.

> "우리는 축복의 통로다.
> 하나님은 그분의 뜻을 우리를 통해 이루실 것이다.
> 누구를 통해서든 이루실 것이다.
> 그렇다면, 이왕이면 그 통로로 내가 그리고 이 책을 읽는 독자들이 존귀하게 쓰임 받으면 좋겠다."

나는 이 글에 전적으로 공감이 간다. 하나님의 자녀인 우리는 이왕이면 하나님의 축복의 통로가 되고 또 축복의 통로가 되는 가정이 되었으면 참으로 좋겠다.

4. 너로 말미암아 복을 얻을 것이라

한국 사람들은 새해가 되면 '새해 복 많이 받으세요'라고 인사한다. 신정 때도 구정 때도 똑같이 '새해 복 많이 받으세요'라고 하는 풍습은 옛날이나 지금이나 변함이 없는 것 같다. 그리고 미국 사람들은 평소에 'God bless you'라고 자주 인사를 하는 모습을 볼 수가 있다. 그만큼 많은 사람들이 복과 축복을 받기를 원하며 또 다른 사람도 복받기를 바라면서 그렇게 인사를 하는 모습을 많이 볼 수가 있다.

사람들은 누구나 복을 좋아하고 그 복을 좇아 어디든 가려고 하고 또 자녀들에게도 많은 복이 있기를 소망하며 간절하게 바라는 삶을 살아가고 있는 현실을 우리는 부정할 수 없다.

성경에 나오는 인물 중에 하나님의 축복의 근원이 된 사람이 있다. 그 사람은 바로 아브라함이다. 아브라함이 어떻게 해서 하나님으로부터 많은 축복을 누리는 사람이 되었으며 그 자손 대대로 하나님의 축복의 통로가 되었는지를 성경 말씀을 통하여 알아보고자 한다.

아브람의 아버지는 데라라는 사람인데 이 데라는 노아의 8대 손이며 메소보다미아 갈대아 우르라는 곳에서 살고 있었다. 그런데 데라는 하나님을 섬기지 않고 우상을 섬기는 자였다.

즉 아브람의 아버지가 우상을 섬기고 있으니 그 아들 아브람도 어릴 때부터 아버지의 그 모습을 보면서 자라서 하나님을 모르고 우상에 물들어 있는 상태였다. 그런데 하나님은 우상밖에 모르던 아브람을 지명하여서 하나님의 축복의 근원이 되게 하시고 자손이 하나님의 축복의 통로가 되게 하시겠다고 약속하는 것을 볼 때에 이것은 아브람이 뭔가 잘해서가 아니라 순전히 하나님의 은혜를 입었다고 볼 수가 있는 것이다.

처음부터 아브람에게 축복을 주신 것이 아니라 그냥 하나님께서 아브람을 지명하여서 우상이 가득한 그 갈대아 우르를 떠나 하나님이 지시하는 땅으로 가라고 하는 것을 볼 수가 있다.

> 사도행전 7장 2-3절
> "스데반이 가로되 여러분 부형들이여 들으소서 우리 조상 아브라함이 하란에 있기 전 메소보다미아에 있을 때에 영광의 하나님이 그에게 보여 가라사대 네 고향과 친척을 떠나 내가 네게 보일 땅으로 가라 하시니"

이와 같이 자기가 사는 고향과 친척을 떠나 하나님이 아브람에게 보일 땅으로 가라고 하였을 때 아브람은 그곳을 떠나게 된다. 그러나 고향은 떠나지만 친척들은 떠나지 않고 아버지 데라와 조카 롯의 부부 그리고 아내 사라도 함께 떠나게 됨을 볼 수가 있다.

그래서 아브람은 하란이라는 곳에 도착하여서 계속 하나님이 보여 주실 땅 가나안으로 가지 않고 그곳에 머물게 된다. 그때 다시 하나님께서 '너의 본토 친척 아비 집을 떠나 내가 네가 지시할 땅으로 가라'라고 하신다.

이때 아브람은 하나님의 말씀에 순종하는 모습을 볼 수가 있다. 그럴 때에 하나님의 축복이 임하는 모습들을 볼 수가 있다. 그래서 하나님으로부터 지명을 받은 은혜를 입은 아브람이 어떻게 하여서 하나님의 복의 근원이 될 수 있었는지를 알아보고자 한다.

하나님의 축복을 받기 위해서는 나를 비우는 자가 되어야 하겠다

우리는 하나님의 자녀로 부름을 받은 하나님의 은혜를 입은 자들이다. 죄인으로서 죽어 마땅한 자를 독생자 예수님을 이 땅에 보내 주시어 우리 죄를 대신해서 십자가에 피 흘려 죽으심으로 우리의 죄를 깨끗하게 해 주시고 하나님의 자녀로 삼아 주신 것은 전적으로 하나님의 은혜이다.

하나님의 은혜로 하나님의 자녀가 된 우리들도 아브라함이 하나님의 부름을 받아 은혜를 입은 것과 같이 하나님의 부르심을 받은 자들인 것이다. 그런데 아브라함은 하나님의 말씀에 순종하였기에 복의 근원이 될 수가 있었던 것이다.

창세기 12장 1절에 여호와께서 아브람에게 말씀하셨다.

"너는 네 고향과 친척과 집을 떠나 내가 지시할 땅으로 가거라"

그 이유로는 아브람의 아버지가 우상을 섬기고 또 우상을 섬기는 제사장이었으므로 그곳에서 아브람이 하나님의 자녀로 올바르게 신앙 생활 하기가 어렵다고 생각하시고 네 고향과 친척과 집을 떠나라고 하신다.

그릇에 맑은 물을 받으려면 그 그릇에 담겨 있는 오래된 오염된 물은 버리고 빈 그릇이 되어야 깨끗한 물을 다시 받을 수가 있다. 그런데 오염된 물을 그대로 두고는 맑은 물을 받아도 그 그릇 안의 물은 여전히 더럽다. 그러니 깨끗하고 맑은 물을 받기 위해서는 그 그릇을 반드시 비워야 가능한 것이다.

그래서 하나님께서는 우상으로 물들어 있는 그 고향과 친척과 집을 떠나라고 명령하셨다.

그런데 아브람은 갈대아 우르 고향과 집에서는 떠났다. 그러나 그의 가족들도 같이 동행하여 떠나게 된다. 우상을 섬기던 아버지도 함께 모시고 떠나게 된 것이다. 그리고 하란에서 머물었지만 아브람에게는 아들도 없고 하나님의 복은 찾아볼 수가 없게 되었다.

그런데 하란에 머물러 있는 아브람에게 다시 고향과 집과 친척을 떠나서 내가 지시하는 곳으로 가라고 명령하신다. 결국에는 아브람이 다시 하란을 떠나되 아버지 데라는 함께 동행하지 않고 아내와 조카 롯 부부를 데리고 떠나게 되는 것을 볼 수가 있다.

그렇게 하나님의 말씀에 순종하여 자기가 살던 고향과 또 조금 정든 땅 하란도 그리고 아버지도 떠나서 하나님이 가라는 곳을 향해서 떠나는 모습을 볼 수가 있다.

우리도 살아가면서 우리들 자신의 우상이 된 것들을 함께 짊어지고 계속 간다면 하나님의 복을 받기가 어려운 것이다. 이 세상의 물질과 명예와 권세 이 모든 것을 잡으려고 너무 애쓰지 말고 하나님의 기쁨과 영광을 위해서 세상의 우상들을 버릴 때에 하나님의 축복이 채워지게 될 것이다.

마음을 비우고, 욕심을 내려놓고, 세상적인 우상을 버리고 하나님의 복을 받을 그릇으로 준비될 때에 축복이 오게 되고 축복의 통로가 될 수가 있는 것이다. 우리의 몸과 마음과 영혼을 깨끗하게 비우고 하나님의 축복을 많이 받아 누릴 수 있는 우리들이 되기를 소망한다.

비우고 나면 채움의 복이 따라오는 것이다

우리의 마음의 그릇이 깨끗하게 비워져 있을 때에 이제부터는 채워지는 일들이 일어나게 되는 것이다. 비워지지 않은 그릇에는 채울 수가 없다. 아브람도 마찬가지였던 것이다. 우상으로 가득하던 고향과 집을 떠나고 아버지를 떠날 때에 하나님께서는 아브람에게 많은 것으로 채워 주시는 것을 볼 수가 있다.

창세기 12장 2절
"내가 너를 큰 민족의 조상이 되게 하고 너를 축복하여 네 이름을 크게 떨치게 하겠다"

아브람이 하나님이 지시하는 대로 다 할 때에 큰 민족의 조상이 되게 해 주시고 아브람을 축복하여 주시고 그 아브람의 이름을 크게 떨치게 해 주시겠다고 약속하시고 있다. 이것이 곧 채움의 복인 것이다.

아브람에게 없던 아들도 백 세에 주시고 또 더 큰 복을 주시기 위해서 그 아들을 하나님께 바치라고 할 때에 순종하는 아브람을 축복의 통로가 되게 해 주시고 인류를 구원할 예수님의 조상이 되게 해 주신 것이다. 이러한 하나님의 축복과 축복의 통로가 아브람에게 있었다면 지금의 우리들에게도 있을 수가 있는 것이다.

아브람은 그 당시에 의인은 아니었다. 아버지 데라의 영향으로 우상에 물들어 있었던 사람이다. 하지만 하나님의 은혜로 부름을 받을 수 있었다. 그리고 부름을 받고도 아브람은 아들이 없자 자신의 여종을 통하여 아들 이스마엘을 낳고 또 자신의 아내 사라를 누이라고 거짓말도 하는 사람이었다. 이러한 상황을 볼 때에 우리들도 아브람과 똑같은 죄인이었고 또 살아가면서 완전한 의인으로 살아가지 못하고 이런저런 많은 죄의 유혹에서 죄를 짓고 살아가고 있으며 그리고는 회개하는 삶을 살아가는 연약한 자들이다.

그러나 우리들도 하나님의 은혜로 하나님의 자녀로 부르심을 받은 자들이다. 부족하고 연약한 우리들이지만 우리들도 아브람과 같이 축복의 대열에 오를 수 있다는 소망을 가지고 살아가야 하겠다.

아브람같이 하나님의 말씀에 순종하고 우리들의 마음속의 모든 우상들을 버리고 하나님의 영광과 하나님만 바라볼 때에 앞으로 자손 대대로 하나님의 크신 사랑과 은혜와 축복이 흘러 넘치고 자자손손 축복의 통로가 될 것으로 믿고 그런 소망을 가지고 살아가야 하겠다.

채워진 복을 나누는 삶을 살아야 하겠다

고여 있는 물은 썩게 되고 오염되게 되어 있다. 그러니 물이 들어오는 곳이 있으면 반드시 빠져나가는 곳이 있어서 들어오고 나가는 물이 될 때에 깨끗한 물이 되어서 그 물에는 물고기가 살고 많은 사람들과 새와 각종 생물들에게 풍성한 먹을 것을 제공해 줄 수 있는 것이다.

많은 사람들이 복을 받는 것을 좋아한다. 그러나 받은 그 복을 자신만을 위해서 사용하고 가지고만 있으면 그 복으로 인해서 다른 사람들에게 아무 좋은 영향력을 끼칠 수가 없는 것이다.

창세기 12장 3절
"너는 다른 사람에게 복을 끼치는 자가 될 것이다 너를 축복하는 자를 내가 축복하고 너를 저주하는 자를 내가 저주할 것이니 땅의 모든 민족이 너를 통해 복을 받을 것이다"

하나님께서 아브람에게 복을 주고는 그 복을 다른 사람들에게도 끼치는 사람이 될 것이라고 하신다. 그리고 아브람에게 복을 끼치는 사람은 그 사람에게도 복을 받게 되고 아브람에게 저주를 한 사람에게는 또한 저주를 받게 할 것이라고 하셨다. 그리고 모든 민족이 아브람을 통해 복을 받게 될 것이라고 하신다. 하나님께서 높은 아버지란 이름의 아브람 이름을 큰 무리의 아버지란 이름인 아브라함이라고 바꾸게 하시어 모든 민족과 조상의 아버지가 되게 하신 것을 우리는 성경을 통해서 알 수가 있다.

복의 근원이 되게 하시고 열국의 아버지가 되게 하신 하나님의 은혜를 아브라함은 잊어버리지 않고 많은 복들을 자손 대대로 축복의 통로가 되게 하였다. 그리고 가나안 땅에 가서도 조카 롯에게 먼저 좋은 땅을 가지게 양보하는 사람이었다.

우리도 살아가면서 나에게 주어진 하나님의 은혜와 축복들을 나에게만 머물게 하지 말고 자손 대대로 그리고 이웃에게 나누고 베푸는 삶을 살아갈 때에 더욱 풍성한 열매로 가득할 것으로 본다.

사람들은 많은 것을 받기를 바라고 특히 많은 복을 받기를 원한다. 그러나 우리가 분명하게 알아야 할 것은 받은 복들은 누군가와 나누어 줄 때에 더욱 큰 행복한 마음이 들게 된다는 원리를 꼭 기억하고 우리는 그렇게 살아가야 하겠다. 하나님의 축복을 많이 받았다면 반드시 그 축복을 가지고 있지 말고 사랑으로 나누고 베푸는 삶을 살아갈 때에 지속적으로 더욱 많은 열매를 맺으면서 행복한 삶을 살아갈 수 있는 것이다.

우리 모두 비우고, 채우고, 나누는 삶으로 우리의 삶이 더욱 하나님의 축복의 열매가 날마다 풍성한 삶이 되기를 소망해 본다.

5. 하늘에 속한 신령한 복을 받은 자는

복에는 눈으로 보이는 복이 있고 눈에 보이지 않는 복이 있다. 눈에 보이는 복은 성경에 구약 시대 때부터 많이 등장을 하는 것을 볼 수가 있다. 눈에 보이는 복은 물질적이고 현실적이고 가시적인 것으로 볼 수 있다.

예를 들면 아브라함에게 자녀의 복을 주시겠다는 것과 약속의 땅을 주시겠다는 복 즉 자녀의 복 그리고 물질의 복 등을 들 수 있다. 그러나 신약 시대에 와서는 눈으로는 볼 수가 없는 영적이고 내면적인 복이 많이 등장함을 볼 수가 있다.

> 요한삼서 1장 2절
> "사랑하는 자여 네 영혼이 잘됨 같이 네가 범사에 잘되고 강건하기를
> 내가 간구하노라"

네 영혼이 잘된다는 말씀은 물질의 축복보다 영적인 축복을 말하는 것으로 볼 수가 있다. 아무튼 이 모든 복은 구약이나 신약이나 하나님께 대한 말씀의 순종으로부터 오는 것이다. 그래서 에베소서 1장 3절

에서 14절에 있는 하늘에 속한 신령한 복에 대해서 알아보고자 한다. 성경 해설집을 인용하여 보면 다음과 같다.

"성경 에베소서는 사도 바울이 로마에서 첫 번째 감금 생활을 하던 시기의 옥중서신으로 에베소서의 저작 시기는 AD 60-62년경으로 추정된다고 한다. 사도 바울의 옥중서신은 에베소서, 빌립보서, 골로 새서, 빌레몬서 등 4권으로 되어 있다. 그중에 이 에베소서는 바울이 3년 동안 그곳에서 눈물로 목회를 했던 곳이며 소아시아의 수도로서 기독교 역사상 3대 도시 에루살렘, 안디옥, 에베소 중의 하나였던 것 이다."

에베소서 1장 3절
"찬송하리로다 하나님 곧 우리 주 예수 그리스도의 아버지께서 그리 스도 안에서 하늘에 속한 모든 신령한 복을 우리에게 주시되"

이 에베소서 1장 3절의 하늘에 속한 신령한 복이 무엇이며 어떤 것 인지를 성경 말씀을 통하여서 알아보고자 한다. 앞에서 복에 대해서 설명했듯이 지금 소개하는 복은 세상적이고 눈으로 보이는 복이 아니 라 눈에 보이지 않지만 하늘에 속하고 영적인 신령한 복들을 소개하고 자 한다.

예수님을 믿으면 반드시 이 신령한 복들을 받아야만 하는 필수적이 고 필연적인 복들이다.

신령한 복은 예수 그리스도로 말미암아 하나님의 자녀 되게 해 주셨다

어릴 때에는 아버지가 계시므로 많이 든든한 마음이 들 때가 있었던 것 같다. 그리고 초등학교 다닐 때는 같은 학교에 형님이 함께 학교 다니고 있음은 든든한 지원자가 되어 준다는 느낌이 들었던 기억이 난다. 놀다가 누구에게 한 대 맞으면 형에게 달려가서 일러 주면 나이 많은 형이 잘 지켜 주었기 때문이다.

우리가 세상을 살아가면서 힘이 들고 지쳐 있을 때에 누군가에게 이야기하고 도움을 받을 수 있는 그 누군가가 있음을 느낄 때는 마음이 든든해지는 것이다.

> 에베소서 1장 4-6절
> "곧 창세 전에 그리스도 안에서 우리를 택하사 우리로 사랑 안에서 그 앞에 거룩하고 흠이 없게 하시려고 그 기쁘신 뜻대로 우리를 예정하사 예수 그리스도로 말미암아 자기의 아들들이 되게 하셨으니 이는 그가 사랑하시는 자 안에서 우리에게 거저 주시는 바 그의 은혜의 영광을 찬송하게 하려는 것이라"

하나님께서 천지만물을 창조하시기 전인 창세전에 그리스도 안에서 우리들을 택하여 주시었다고 합니다. 그리고는 우리들이 죄 많고 흠이 많은 죄인이기 때문에 우리를 흠이 없게 하시고 거룩하게 하시려고 우리를 하나님의 자녀로 예정하시고는 예수 그리스도로 말미암아 하나님의 자녀들이 되게 해 주셨음을 알 수가 있다.

어릴 때에 육신의 아버지가 계심에 든든한 마음이 들었는데 이제 우리들에게는 영의 아버지이신 하나님께서 우리들의 아버지가 되어 주시고 우리들을 자녀로 삼아 주신 것이다. 이 얼마나 엄청나고 든든하고 기쁘고 복된 소식인가.

예레미야 10장 12절
"여호와께서 그 권능으로 땅을 지으셨고 그 지혜로 세계를 세우셨고
그 명철로 하늘들을 펴셨으며"

우리의 아버지 되시는 하나님 아버지는 천지만물을 지으셨고 온 세계를 세우셨고 온 하늘을 펴신 무소부재하시고 무한한 능력을 가지신 분이시다. 이분이 바로 우리들의 아버지이시다. 이런 하나님이 우리의 아버지가 되시니 힘들고 지치고 낙심된다면 바로 하나님 아버지를 찾을 수 있어야겠다.

하나님의 자녀가 된 우리들의 삶은 늘 아버지께 의논하고 여쭈어보고 아버지를 기쁘게 하고 아버지의 뜻에 합당한 삶을 살아가도록 노력해야 하겠다. 우리 모두 그렇게 살아갈 수 있는 자들이 되어야 하겠다.

신령한 복은 예수 그리스도로 말미암아 죄사함을 받게 해 주셨다

창세기 1장 28절
"하나님께서 천지 만물을 만드시고 사람을 지으신 이후에 사람들에

게 복을 주시고 생육하고 번성하라 땅을 정복하라 바다의 고기와 공
중의 새와 땅에 움직이는 모든 생물을 다스리라"

그러나 사람들은 살아가면서 하나님의 말씀대로 순종하는 삶이 아
니라 수많은 죄를 지으면서 살아가는 타락한 사람들이 되어 버렸다.
아담과 하와가 선악과를 따먹게 되고 또 노아의 시대에 노아 가족을
제외한 모든 사람들의 타락한 생활 그리고 바벨탑을 쌓으면서 교만해
진 사람들의 모습 그 이후에도 수많은 사람들이 수많은 죄를 지으면서
살아가고 있는 모습을 우리는 지금도 느끼고 보면서 살아가고 있는 실
정이다.

다른 사람들뿐만 아니라 나 자신도 세상을 살아가면서 하나님 말씀
에 온전하게 순종하지 못하고 나의 생각과 나의 고집대로 살아가는 삶
으로 하나님 보시기에 많은 죄를 지으며 살아가고 있는 존재가 바로
우리 인간의 모습인 것이다.

이런 모습을 보신 하나님은 창세기 6장 5-6절에 "여호와께서 사람의
죄악이 세상에 관영함과 그 마음의 생각의 모든 계획이 항상 악할 뿐
임을 보시고 땅 위에 사람 지으셨음을 한탄하사 마음에 근심하시고"라
고 하시고는 물로써 세상을 심판하시는 노아의 홍수가 오게 되었다.

노아 홍수 이후에는 더 이상 물로써 온 세상을 심판하지 않겠다는
약속의 표징을 우리 사람들에게 무지개로 보여 주시었다. 하지만 앞으
로 올 심판 때는 불로써 심판하실 것을 베드로후서 3장 6, 7, 10절에 말
씀하고 있다.

"이로 말미암아 그 때에 세상은 물이 넘침으로 멸망하였으되 이제 하늘과 땅은 그 동일한 말씀으로 불사르기 위하여 보호하신 바 되어 경건하지 아니한 사람들의 심판과 멸망의 날까지 보존하여 두신 것이니라 그러나 주의 날이 도둑 같이 오리니 그 날에는 하늘이 큰 소리로 떠나가고 물질이 뜨거운 불에 풀어지고 땅과 그 중에 있는 모든 일이 드러나리로다"

이 불로써 심판하실 때에 하나님을 사랑하고 믿는 하나님의 자녀들은 구원해 주시기 위해서 2000년 전에 이 땅에 하나뿐인 독생자 예수 그리스도를 보내 주시었던 것이다. 그리고 예수님은 우리 사람들의 죄를 대신하여서 십자가에 못 박히어 피 흘러 죽으셨다. 이 예수님의 십자가의 보혈을 믿고 예수님의 이름으로 기도하고 그리스도 안에 있을 때에 우리들을 죄와 사망에서 해방시켜 주신다고 하였다.

로마서 8장 1-2절
"그러므로 이제 그리스도 예수 안에 있는 자에게는 결코 정죄함이 없나니 이는 그리스도 예수 안에 있는 생명의 성령의 법이 죄와 사망의 법에서 너를 해방하였음이라"

우리의 모든 죄를 해결해 주시고 심판 때의 사망을 생명으로 바꾸어 주신 분은 곧 예수 그리스도이시다.

에베소서 1장 7절

"우리는 그리스도 안에서 그의 은혜의 풍성함을 따라 그의 피로 말미
암아 속량 곧 죄 사함을 받았느니라"

하늘에 속한 신령한 두 번째 복은 바로 예수 그리스도 안에서 하나
님의 풍성한 은혜로 예수님의 십자가의 피로 우리의 모는 죄를 사하심
을 받게 된 것이다. 이 얼마나 엄청난 은혜가 아닐 수가 없다. 죄와 사
망으로 죽음에 이를 우리들을 죄와 사망에서 해방시켜 주시고 저 천국
의 소망을 주신 것이다.

늘 부족하고 연약하고 죄를 지으며 살아가는 우리들을 죄와 사망에
서 해방시켜 주신 우리 주 예수 그리스도와 하나님께 우리는 날마다
감사한 마음으로 하나님께 영광의 박수를 치며 살아가는 우리들이 되
기를 간절하게 소망해 본다.

신령한 복은 예수 그리스도로 말미암아 약속의 성령으로
인치심을 받은 것이다

하나님 아버지의 자녀가 되게 해 주시었고 또 우리의 모든 죄를 대
속해 주신 하나님 아버지께서 하나님 자녀인 우리들에게 준비해 두신
가장 필요로 하고 꼭 있어야 할 귀한 것이 있다.

에베소서 1장 13절

"그 안에서 너희도 진리의 말씀 곧 너희의 구원의 복음을 듣고 그 안
에서 또한 믿어 약속의 성령으로 인치심을 받았으니"

인치심의 의미는 누구의 것이 되는 도장과 같은 표시이다. 즉 하나
님께서 성령으로 우리 마음속에 도장을 찍었다는 것은 우리들이 하나
님에 속한다는 뜻뿐만 아니라 우리가 받은 그 인치심이 구원받는 그날
까지 계속 함께하심을 의미하는 것이다.

에베소서 4장 30절

"하나님의 성령을 근심하게 하지 말라 그 안에서 너희가 구원의 날까
지 인치심을 받았느니라"

그렇다. 하나님의 자녀가 된 우리들은 우리들의 모든 죄를 예수님의
십자가 보혈로 깨끗하게 씻어 주시었고 이제는 성령으로 인치심을 받
게 해 주시어서 우리가 구원받는 그날까지 성령님이 지켜 주시고 붙들
어 주시는 것이다.

그러니 우리들은 하나님의 성령을 근심하게 하지 않는 삶을 살아가
야 하겠다. 예수님은 나의 구원자이심을 믿고 나의 죄를 회개하고 한
번 주님의 자녀가 된 자는 하나님께서 끝까지 지켜 주시는 것이다.

로마서 8장 38-39절

"내가 확신하노니 사망이나 생명이나 천사들이나 권세자들이나 현

재 일이나 장래 일이나 능력이나 높음이나 깊음이나 다른 아무 피조
물이라도 우리를 우리 주 그리스도 예수 안에 있는 하나님의 사랑에
서 끊을 수 없으리라"

한번 예수님을 구주로 영접한 사람은 초신자이든, 믿은 지 오래된 자
이든, 모태 신앙이든 누구든지 성령이 이미 그 속에 있기 때문에 구원
받는 그날까지 성령은 우리와 함께하시며 지켜 주시는 것이다. 세상의
어떤 것도 우리를 우리 주 그리스도 예수 안에 있는 하나님의 사랑에
서 끊을 수가 없는 것이다.

이 얼마나 감사하고 기쁜 소식인지, 이것이 곧 복음이다. 한번 하나
님의 자녀가 되면 구원받는 그날까지 성부, 성자, 성령의 하나님 아버
지의 사랑에서 그 어느 누구도 끊을 수 없으며 영원히 하나님의 자녀
로 살아가는 것이다. 그러니 나 자신이 조금 힘들고 어려움에 부닥쳤
다고 해서 낙심하고 절망하지 않아야 하겠다. 그리고 살아가면서 이런
저런 죄를 지었다고 해서 너무 그 죄에 얽매이어 세상을 어둡게 생각
하고 추가로 더 많은 죄를 지으면서 살아서는 아니 되겠다.

우리가 죄를 안 짓고 살아가면 참으로 좋겠지만 인간으로서 전혀 죄
를 짓지 않고 살아가는 게 참으로 어렵다. 고의든 실수든 우리는 죄를
늘 지으면서 살아가는 인간인 그 자체이다. 중요한 것은 죄를 지었을
때 하나님의 자녀이기 때문에 성령의 도움으로 예수 그리스도의 이름
으로 그 죄를 회개하고 용서함을 받고 하나님의 자녀다운 삶을 다시
살아가야 하겠다.

그렇게 하기 위해서는 우리의 마음에 성령의 충만함을 늘 사모하면

서 성령의 도움을 받고 성령과 함께하는 삶을 살아간다면 죄를 짓는 일이 사려져 갈 수가 있어 과거와 같은 삶이 아니라 감사와 기쁨이 넘치는 삶으로 변화가 될 수가 있을 것이다. 우리들은 모두가 하늘에 속한 신령한 복을 받은 자들이다. 즉 하나님의 자녀들이며 우리들의 모든 죄를 예수 그리스도의 피로 깨끗함을 받은 자들이다.

그래서 우리들은 하나님 아버지께서 성령의 인치심을 받은 자들이다. 그러니 이제부터 우리의 삶에는 낙심과 절망이 아닌 희망과 소망이 있는 삶을 살아가야 하겠다. 어두움과 두려움이 있는 삶이 아니라 우리들의 마음에 밝은 빛이 비치어 죄의 사슬에서 해방된 자유의 삶을 살아가야 하겠다. 세상의 어떤 어려움과 고난이 밀려와도 나의 아버지이신 하나님께 간절하게 기도하면서 하나님께 맡기는 삶을 살아가야 하겠다. 그럴 때에 하나님께서 우리들의 짐을 가볍게 해 주시고 그 고난에서 벗어나게 해 주시는 것이다. 반복된 죄를 짓지 않기 위해서는 늘 성령 충만함을 사모하는 기도를 하여서 성령의 이끌림을 받는 삶을 살아가야 하겠다.

그럴 때에 우리들은 하나님의 자녀로서 세상에 빛과 소금의 역할을 할 수 있는 하늘에 속한 신령한 복을 항상 누리는 삶을 살아갈 수가 있는 것이다.

우리 모두 나의 아버지이신 하나님의 도우심을 날마다 간구하고 나의 죄를 대신해서 죽으신 예수님께 감사한 마음으로 성령의 도우심으로 죄에서 해방되어서 삶이 기쁘고 즐겁고 감사가 넘치는 삶이 될 수 있는 우리들이 되기를 간절하게 소망해 본다.

에필로그

나는 인생 60 중반까지 살아오는 동안 항상 하나님의 섭리와 임재하심을 느끼며 살아왔다. 하나님은 내가 힘들고 어려울 때나, 평안하고 일상적일 때나 언제든지 나와 함께해 주시는 참으로 좋으신 분이시다.

하나님은 우리 사람들을 사랑하시고, 은혜를 베풀어 주시고, 축복을 주시기 위해서 늘 준비하시고 계신 분이시다. 하지만 사람들이 하나님의 사랑과 은혜와 축복받을 마음의 준비를 하지 않고 그냥 놓치고 살아가는 사람들이 참으로 많다. 그것이 참으로 안타깝다.

나는 목회자가 아닌 평신도로서 하나님의 말씀을 전하고 또 아름답고 행복한 믿음의 가정을 만드는 데 도움을 드리기 위해서 자녀 교육, 결혼에 대한 가정 세미나와 간증설교 그리고 책 출판을 하고 있다.

이 책이 하나님과의 좋은 관계를 가지고 가고 싶은 사람, 하나님의 사랑과 은혜와 축복을 누리기를 원하는 사람들에게 많은 도움이 되어서 자손 대대로 하나님의 축복의 통로가 되는 가정과 자녀들이 되기를 소망한다.

나는 금년 초에 《크리스천 자녀 교육, 결혼을 어떻게 시켰어요?》라는 책을 출판하였다. 그리고 이번에 《축복의 통로가 되는 삶》이란 책을 세상에 내어 놓았다. 앞으로 이 두 권의 책을 통하여서 많은 사람들에게 좋은 영향력을 끼치면서 하나님의 영광을 돌리는 삶을 살아가는 자가 되고 싶다.

지금까지 항상 지켜 주시고 한없는 은혜를 베풀어 주신 하나님께 늘 감사한 마음이다. 또 나를 낳아 주시고 키워 주신 부모님과 형제자매와 나의 아내와 세 자녀 가족 모두에게도 늘 고맙고 감사한 마음이다.

이 책을 위해서 바쁘신 시간을 할애하시어 정성껏 추천사를 써 주신 소강석 목사님, 박명호 총장님, 김남용 대표님, 김영철 장로님, 김정무 목사님께 진심으로 감사를 드립니다.

이 책의 내용을 보시고 응원과 격려의 말씀들을 해 주신 그 기대에 부응하도록 열심히 그리고 신실하게 믿음 생활하고 많은 사람들에게 하나님의 귀한 복음을 전파하는 메신저가 되도록 하겠습니다.

마지막으로 이 책을 읽으시는 모든 분들에게 진심으로 감사를 드리며 책을 읽으신 분들의 가정과 자녀들에게 하나님의 크신 사랑과 은혜와 축복이 풍성하게 넘치는 축복의 통로가 되기를 소망하며 기도합니다. 감사합니다.

이훈구 장로
G2G 선교회